漫堤水沙运动过程及模拟技术

王党伟　鲁文　著

中国水利水电出版社
www.waterpub.com.cn
·北京·

内容提要

本书通过堤防溃决机理及过程到溃堤水沙运动过程的水槽试验研究分析，建立了平面二维溃堤水流数学模型，成功通过水槽试验研究，并将该模型应用于实践。本书主要内容包括：绪论、提防溃决机理及过程、溃堤水沙运动过程水槽试验研究、平面二位溃堤水流数学模型、平面二维溃堤水沙运动过程数学模型及应用。

本书可供水利工程、流体力学、泥沙工程等专业的科研、设计、技术人员以及教师和研究生参考和阅读。

图书在版编目（CIP）数据

漫堤水沙运动过程及模拟技术 / 王党伟，鲁文著
. -- 北京 : 中国水利水电出版社，2019.1
ISBN 978-7-5170-7520-2

Ⅰ. ①漫… Ⅱ. ①王… ②鲁… Ⅲ. ①防浪工程
Ⅳ. ①U656.31

中国版本图书馆CIP数据核字(2019)第047492号

书　　名	**漫堤水沙运动过程及模拟技术** MANDI SHUISHA YUNDONG GUOCHENG JI MONI JISHU
作　　者	王党伟　鲁　文　著
出版发行	中国水利水电出版社 （北京市海淀区玉渊潭南路 1 号 D 座　100038） 网址：www.waterpub.com.cn E-mail：sales@waterpub.com.cn 电话：(010) 68367658（营销中心）
经　　售	北京科水图书销售中心（零售） 电话：(010) 88383994、63202643、68545874 全国各地新华书店和相关出版物销售网点
排　　版	北京图语包装设计有限公司
印　　刷	北京九州迅驰传媒文化有限公司
规　　格	170mm×240mm　16 开本　8.75 印张　163 千字　1 插页
版　　次	2019 年 1 月第 1 版　2019 年 1 月第 1 次印刷
定　　价	**48.00 元**

前　言

探索河流水沙运动基本规律以及在此基础上开展的模拟和预测为河流治理和开发提供了科学依据，这方面研究的方法和技术在过去几十年发展迅猛，也取得了巨大的成就。堤防和拦河坝都是人类为了治理和开发河流而修建的建筑物，主要目的是让水流在可控的范围内流动，以满足防洪和兴利需求。天然河流中水流过程变化幅度较大，而受制于经济和技术等因素，堤坝都有其设防标准，超标的洪水会产生漫顶甚至溃决的风险。

现实场景中的水流漫顶溃决主要有两种：一种是水位超过设防标准或者堤坝局部结构破坏导致水流漫顶后逐步或瞬间溃决的过程，这种漫顶溃决发生前往往难以准确预测其具体发生的位置和时间，一般需要根据风险程度做多种情景模拟，提前做好风险管控预案；另外一种漫顶溃决是人为诱导的漫顶冲刷过程，这种情形一般出现在堰塞湖除险过程中，通过开挖人工导渠，引导水流在安全可控的流量范围内下泄。由于水流漫过堤坝顶部后会伴随巨大的洪水风险，因此无论是人为引导或自然形成的水流漫顶过程都需要提前做好模拟和预测，以降低洪水风险。

随着计算科学的发展，堤坝溃决过程中复杂多变的水流和泥沙输移过程、局部地形变化过程已经可以采用计算机进行较为准确的模拟预测，这为防控漫顶溃决风险提供了有力的工具。堤防溃决过程的数值模拟主要包括两个方面：一方面是水流从溃口的溢出及在下游的流动过程；另一方面是由于溃口处水流的冲刷而造成溃口的发展过程。两方面相互作用，共同决定了溃口下游的洪水演进过程。由于溃堤水流流态较为复杂，可能同时包含急流、临界流及缓流三种水流形态，常规的数值方法在计算中常常遭到失败，需要选取和制定合适的计算方法。

堤坝漫顶溃决的发生和发展是一个更为复杂的过程。采用数学模型描述这一过程，首先必须要了解溃堤的机理和过程。因此本书中关于溃堤过程数值模拟方法的研究首先从溃堤机理入手，通过溃堤物理模型试验进一步加强对溃堤过程的认识，并以物理模型试验的数据作为检验数学模型结果可靠性和准确性的依据。

综合数值计算效率和溃堤水沙运动特征，平面二维水沙数学模型是当前阶段模拟漫顶溃决过程的最佳方法。本书中介绍的模拟方法和模型是基于守恒型浅水二维方程，采用具有激波捕捉功能的数值离散格式建立了平面二维水流数学模型，具体计算中是采用 FDS 方法计算界面处数值通量。为使模型总体精度不致因为时间离散而降低，源项采用三阶 Runge-Kutta 方法进行处理。基于 Riemann 问题的激波捕捉方法来源于空气动力学，由于浅水方程与 Euler 方程的相似性而被移植到水流计算中。本书根据浅水运动方程自身的物理特性，在浅水方程的离散过程中对方法进行了改进。通过在复杂地形条件下保持静水条件的数值实验，论述了浅水方程与 Euler 方程所表达的物理本质之间的差别，得出在求单元边界左右两侧物理量时，应以水位代替水深。计算中水深用水位与河底高程之差代替，保证了方程离散后不致产生物理上的失真。针对复杂地形条件下由于底坡项离散误差造成的虚拟流动，改进了离散方法，提出具有普适性的解决方案。模型建立之后采用一些文献中常用的经典的数值计算问题对模型的精度和稳定性进行了检验。模型验证结果表明，数学模型计算得到的流速和水位与精确解基本一致，流速分布合理，间断处数值解无明显震荡，具有高分辨率和高精度。

以水-土动力学作为模拟溃口发展过程的理论基础，根据水槽试验中的溃口展宽过程，结合已有的研究成果，解释了试验中所观察到的展宽现象，并得到本书中所采用的非黏性土堤防溃口展宽模型。溃口展宽时堤防上部以悬空所导致的崩塌为主，下部以水流冲刷为主，上下分界面为溃口处水面。崩塌后所产生的泥沙以一定的厚度，按照动水水下休止角堆积在河床上。根据溃口发展的过程和机理，将溃口的发展过程分为纵向冲深和横向展宽两部分分别对待。纵向冲深的模拟采用目前常用的泥沙动力学模型，并对其中的一些重点问题，如二维水流挟沙力公式和非均匀沙挟沙力级配等关键问题进行了较为详细的分析和探讨，确定了这些问题在模型中的具体处理方法。对于溃口的横向展宽则参照河道展宽的模拟方法，以水-土动力学作为建模的基础，在已有研究结果的基础上并根据水槽试验结果，制定了符合实际物理现象的溃堤模式，使模型能够反映出实际的溃口发展过程。最后将本书中所建立的数学模型用于模拟弯道溃堤试验过程，得到与试验结果较为符合的结果，说明本书所建立的模型具有真实的物理基础，能够反映溃堤过程的物理现象。

本书内容的完成过程中得到了武汉大学杨国录教授、余明辉教授、王鑫博士、岳志远博士等多位学者的帮助，在此一并表示感谢。

数值计算学科发展日新月异，新的计算方法和模拟技术不断涌现，相信在不久的将来现在河流水沙模拟中的难题会有更好的解决方案。受作者水平所限，本书中所涉及的漫顶水沙模拟方法和技术挂一漏万，存在的欠妥和不足之处，敬请读者批评指正。

作　者

2018 年 10 月

目　　录

前言
第 1 章　绪论 ························· - 1 -
1.1　背景及意义 ························· - 1 -
1.2　溃堤数值模拟的研究现状与进展 ························· - 5 -
1.2.1　溃堤水流计算 ························· - 6 -
1.2.2　溃口发展过程模拟 ························· - 9 -
1.3　模型关键问题 ························· - 11 -
1.3.1　含间断波水流的模拟方法 ························· - 11 -
1.3.2　溃口展宽模拟 ························· - 18 -
参考文献 ························· - 24 -
第 2 章　堤防溃决机理及过程 ························· - 33 -
2.1　堤防主要溃决模式分析 ························· - 33 -
2.1.1　堤防漫顶破坏 ························· - 33 -
2.1.2　河道水流冲刷 ························· - 33 -
2.1.3　渗流作用 ························· - 34 -
2.1.4　人工扒堤 ························· - 35 -
2.2　堤防溃决的侵蚀机理 ························· - 35 -
2.2.1　漫顶侵蚀溃堤机理 ························· - 36 -
2.2.2　水流冲刷溃堤机理 ························· - 40 -
2.2.3　管涌侵蚀溃堤机理 ························· - 43 -
2.3　溃口发展过程 ························· - 47 -
2.3.1　影响溃口展宽速率的主要因素 ························· - 48 -
2.3.2　溃堤洪水过程 ························· - 52 -
参考文献 ························· - 54 -
第 3 章　溃堤水沙运动过程水槽试验研究 ························· - 57 -
3.1　试验条件及过程 ························· - 57 -
3.1.1　物理模型概况 ························· - 57 -
3.1.2　模型试验流程 ························· - 58 -

3.1.3 试验组次划分及各组试验条件 ········· - 58 -
3.2 试验结果分析 ········· - 60 -
3.2.1 溃堤过程的简要描述 ········· - 60 -
3.2.2 溃口横向发展过程 ········· - 60 -
3.2.3 水流对堤防的垂向侵蚀过程 ········· - 65 -
3.2.4 稳定溃口特征 ········· - 66 -
3.2.5 溃口处的水位变化过程 ········· - 67 -
3.2.6 水位变化过程 ········· - 70 -
参考文献 ········· - 72 -
第 4 章 平面二维溃堤水流数学模型 ········· - 73 -
4.1 二维浅水方程 ········· - 73 -
4.2 方程的离散 ········· - 75 -
4.2.1 Godunov 型格式 ········· - 75 -
4.2.2 控制方程离散及求解 ········· - 76 -
4.2.3 界面处守恒变量的求解 ········· - 76 -
4.2.4 界面数值通量 ········· - 79 -
4.2.5 源项的处理 ········· - 82 -
4.3 边界处理方法 ········· - 85 -
4.3.1 开边界 ········· - 86 -
4.3.2 动边界（干湿边界） ········· - 86 -
4.3.3 不规则边界（固壁边界） ········· - 87 -
4.3.4 不规则水下地形 ········· - 89 -
4.4 模型验证 ········· - 91 -
4.4.1 与溃坝解析解的对比 ········· - 91 -
4.4.2 溃坝水流在干河床上演进模拟 ········· - 92 -
4.4.3 溃堤水流计算 ········· - 94 -
4.4.4 恒定流计算 ········· - 95 -
4.4.5 天然复杂地形条件下堤防决堤后洪水演进模拟 ········· - 96 -
参考文献 ········· - 98 -
第 5 章 平面二维溃堤水沙运动过程数学模型及应用 ········· - 100 -
5.1 纵向冲淤模型 ········· - 100 -
5.1.1 控制方程 ········· - 100 -
5.1.2 辅助方程及参数 ········· - 101 -

5.2 横向展宽模型 ……… - 111 -
5.2.1 水-土动力学模拟方法 ……… - 112 -
5.2.2 本书模型展宽模式 ……… - 120 -
5.3 模型验证及应用 ……… - 121 -
5.3.1 流速场 ……… - 121 -
5.3.2 洪水演进速度 ……… - 123 -
5.3.3 展宽（速度及形态） ……… - 125 -
5.3.4 水位过程 ……… - 126 -
5.3.5 溃口流量过程 ……… - 127 -
参考文献 ……… - 128 -

第1章　绪论

1.1　背景及意义

我国江河湖泊众多，水资源丰富。据统计，全国多年平均河川径流总量为27115亿m^3，湖泊总面积约71787km^2，所含水体体积超过3600亿m^3[1]。但由于降水过程在时空上的不均性，使得大量的水流集中产生于一处从而形成洪水。关于洪水的定义有多种，传统的定义为当地表径流超出了河流渠道容量时发生的一种自然现象[2]或是河流水位超过河滩地面的溢流现象[3]。考虑到风暴潮汐洪水、城市地下洪水及下水道洪水等，洪水可广义的定义为过境水体侵入或淹没某一地区并对该地区发生影响的现象[4]。洪水是一种自然界常见的现象，从其定义中可以看出洪水本身并不会对自然界产生不利的影响。洪水之所以会产生灾害是从人类生存角度考虑的，它是洪水与人类社会相互作用的产物。洪水灾害是指洪水对人类任何部分或整体造成的直接或间接损害，因此只有对人类局部或整体造成直接或间接损害的洪水才能被称之为灾害[5]。洪水灾害一般具有如下特征。

（1）风险性和不确定性。洪水灾害的发生具有随机、难以预见等特点。加之人类对自然和社会现象认识的局限性，以及人类在洪水面前采取的个体而非集体的抗洪行动也不具有可预见性，所有这些因素的复杂变化导致洪水成灾具有极大的不确定性，作为这种性质的客观描述，风险性在认识洪灾和采取减灾行动中具有突出地位。

（2）社会性。洪水所到之处，无论是生活设施、基础设施、生产设备，还是农作物、树林、牲畜、家禽；不论是属于个人或是属于集体和社会组织，除非有专门防护措施，否则都毫无例外受到危害，人员也是如此。洪灾的危害还波及灾害以外地区。因此防洪减灾具有广泛的社会效益。

（3）地域性。由于产生洪水的主要诱因，如降雨、暴雨、融雪、冰凌等在地域上具有极大差异，因此洪水灾害的形成也具有地域性。洪水淹没区一般由当地洪水大小、自然地理因素及是否实施人为控制而定。

（4）差异性。影响洪灾损失的因素很多，包括淹没水深、水流速度、淹没历时、财产水平及构成、农作物构成及防洪安全建设、预报和警报技术等。在不同淹没区，或同一淹没区的不同淹没地点，不同受灾对象，其损失程度与大小也有所差异。

据统计，在所有的自然灾害中，洪水灾害约占三分之一，尤其是在人口密度较大的国家（如中国和孟加拉）和地区，洪灾造成的死亡人数超过其他自然灾害死亡人数的总和[6]。虽然洪水及其带来的灾害可能以多种形式出现，但就其发生频率和对人类生活的影响程度而言，河流洪水的影响最大。

我国地处东亚大陆，地形地势情况复杂，气候地区性差异很大，东部受季风气候和热带气旋影响，暴雨洪水灾害非常突出。频繁的洪水灾害给社会经济和人民的生命财产造成了巨大的损失。1870 年，长江上游大巴山及其附近地区、嘉陵江中下游、渠江、三峡地区以及汉江流域、洞庭湖区和鄱阳湖区连降暴雨，酿成暴雨洪灾。据考证，这次洪水是长江干流重庆至宜昌河段 800 年来最大的一次 [7]。1931—1949 年仅 19 年间长江就泛滥成灾达 11 次，其中 1931 年、1937 年两次水灾，死亡人数都超过 14 万人。1931 年水灾殃及长江中下游的鄂、湘、豫、赣、皖、苏、浙七省的 205 个县，受灾人口 2800 万，淹没农田 5000 多万亩，直接死于洪灾的 14.5 万余人。洪水过后因饥饿、瘟疫致死的则难以计数。水灾淹没损失以当时的银元计为 13.8 亿元。湖北、湖南灾情严重。湖北 70 个县中有 50 个县中受灾，许多县几乎全部被淹。武汉三镇 7 月份相继被淹没，市区大部分水深数尺至丈余，被水浸泡达 4 月之久，受灾人口 78 万人。据当时湖北水灾急赈会公布的数字，武汉死于洪水、饥饿、瘟疫的灾民有 32.6 万人。湖南有 61 个县受灾，仅洞庭湖周围受灾就达 96 万人。

中华人民共和国成立后，虽然在全国范围内大力整治江河，兴建了许多水利工程，抗洪能力有了一定的提高，但由于我国江河众多、水情各异，洪涝灾害仍很频繁。据统计，1950—1991 年（缺 1967—1969 年）全国洪涝受灾面积超过 1 亿亩的年份有 24 年，其中 1954—1960 年、1979—1991 年均连续超过 1 亿亩。1954 年长江发生百年一遇大洪水，防洪中启用了刚建成的荆江分洪区，保住了武汉，但直接经济损失达 100 亿元以上，死亡近 5000 人，影响京广线通车 100d。1981 年长江上游大水，119 个县市受灾，成昆、宝成铁路均被中断，直接经济损失达 25 亿元。据有关部门统计，1991 年全国因暴雨洪水，农田受淹面积达 2459.6 万亩，成灾面积 1461. 4 万亩，绝收面积 322 万亩，远远超过 1954 年，是中华人民共和国成立以来农田遭受洪涝灾害最严重的一年[8]。其中，又以长江、淮河及太湖流域暴雨洪水为最。中国作为世界上洪水最多的国家之一，大约 1/10 的国土面积、5 亿人口、5 亿亩耕地、100 多座大中城市、全国 70%的工农业总产值受到洪水灾害的威胁[8]。

洪水灾害不仅在人口众多的中国造成了严重的人口和财产损失，在世界范围内也是一种较为严重的自然灾害。据统计，美国75%的灾害与洪水有关，大约有超过 900 万家庭和 3900 亿美元财产受到洪水的威胁，造成的财产损失年均超过 50 亿美元。有学者统计了历史上有记载的 19 次最严重的洪水灾害事件及其死亡人数[9-10]，给包括中国、荷兰，美国等在内很多国家都造成了严重的危害，且损失了大量的人口。其中仅发生在我国的就有 10 次，占洪水次数总数的 53%，所损失的人数更是占到了所统计的洪水损失总人数的 79%。由此可见我国不仅洪水灾害频繁，其造成的损失在全世界也是极为罕见的。

White 统计了 1950—1998 年近 60 年全球较大的洪水损失数据[11]，如表 1.1 所示。从表 1.1 中可以看出，大洪水的发生频率呈增大趋势，且因洪泛区人口的增长以及经济、社会的密集发展，近年来洪水灾害造成的损害仍在增大。洪水灾害的增加与众多因素有关，如气候变化、森林退化、城市扩张及人类活动的加强等[12]

表 1.1　1950—1998 年重大洪水灾害（每 10 年为一组）

项目	*A* 1950—1959	*B* 1960—1969	*C* 1970—1979	*D* 1980—1989	*E* 1989—1998	比值 *E*/*A*	比值 *E*/*B*
次数	7	7	9	20	34	4.9	4.9
经济损失/亿美元	279	202	192	255	1996	7.2	9.9

为了减少洪灾损失，需采取一定的措施来控制或减缓某一标准洪水对某一范围内的威胁，这些措施可分为工程措施和非工程措施。堤防属于典型也是最常用的工程防洪措施之一。堤防常修筑于河道或其他水体外围用于束缚水流，防止洪水漫溢。

堤防是最古老的防洪工程。早在西周，我国黄河就已有了修筑堤防的记载，黄河两岸连贯性的堤防始于汉代。堤防也是现代江河防洪工程体系的重要组成部分。有的河道平槽泄量只有 2000~3000m^3/s，利用堤防挡水河道安全泄量可以超过 100000m^3/s。修建堤防是防止洪水泛滥、增加河道泄量的基本措施。

堤防按其相对于河槽的位置可分四类：

（1）遥堤。堤距较宽、离河道较远的堤防。

（2）缕提。离河槽较近的堤防。

（3）月堤。堤线呈弯月形，修建于险工段或决口段背后，往往是第二道防线。

（4）隔提。横河修建以阻断河道的堤防，或是在河道干堤保护区内修建，将保护区分隔，以限制干堤决口泛滥范围的堤防。

按其作用或功能可分四类：

（1）江河堤防。用于防止洪水泛滥，增加江河排洪能力，提高保护区的防洪标准。黄河、长江、淮河干流的堤防保护面积达数百万亩或上千万亩。

（2）湖泊围堤。沿湖修筑，增加湖泊蓄水量，以调蓄洪水。平原水库的围堤也可归入此类。如洪泽湖修建大堤后，库容可达 135 亿 m^3。

（3）圩院围堤。平原水网地区在低洼地周边河道沿岸修建围堤，以提高洼地防洪标准，或同时在洼地建抽水站增加排涝能力。此类堤防不高，但在一个地区的长度很长，如太湖流域，圩堤一般高 2~3m，但总长度达 28000km。

（4）城市防洪堤。在城区周边河道沿岸修建的堤防。

按堤身材料又可分成四类：

（1）土堤。由于造价低和便于就地取材，应用最广。土堤按其填筑方法又分为：在陆地上用人工或机械填筑和压实的土堤以及用挖泥船吹填的土堤。

（2）石堤。大多用于堤防的面墙，如洪泽湖大堤的石工面墙就是用条石浆砌的；四川岷江堤防大部分面板是卵石浆砌的。

（3）混凝土堤。我国一般用得较少，混凝土也往往只用于表层。北京郊区永定河左堤就是混凝土面板堤。

（4）钢筋混凝土防洪墙。一般多用于城市防洪墙，以减小堤身断面和占地。

我国堤防建设取得了巨大的成就，各级河道共修建加固堤防 24.5 万 km，保护耕地 3088 万 hm^2，保护人口 3.46 亿人。其中，主要堤防 6.11 万 km，保护耕地 1864 万 hm^2，保护人口 2.19 亿人。长江、黄河、淮河、海河、珠江、松花江、辽河等七大江河共有堤防长 20.1 万 km，占全国的 82%，保护耕地 2629 万 hm^2，占全国堤防保护就地的 82%，保护人口 2.93 亿人，占全国堤防保护人口的 84.7%。七大江河堤防基本情况见表 1.2[1]。

表 1.2 我国七大江河堤防基本情况

河流	流域面积/万 km^2	水库数/座	总库容/亿 m^3	总堤防长度/km	主要堤防长度/km	保护耕地/万 hm^2	保护人口/万人
长江	180	44655	1268	63840	13193	553	7734
黄河	75	3260	578	11390	6818	143	1143
海河	30	1915	271	31318	11527	598	4120
淮河	27	5324	405	58024	14767	940	9591
珠江	45	8797	461	12351	774	83	1166
松花江	55	1499	286	13081	4199	577	1169
辽河	23	707	138	11032	3806	82	873

从表 1.2 中可以看出，堤防在防洪中起到了巨大的作用，保护了大量的人口和财产，各大江河均修筑有大量的堤防。但由于堤防自身的缺陷亦或洪水超过堤防的设计标准，从而产生溃决（自然溃决或是人工扒堤），此时由于水流的集中泄放，其动能更加惊人，若不及早做出应对，造成的损失将更加巨大。因此，研究堤防决口机理及过程对防灾减灾具有特别重要的意义。

堤坝溃决后，洪水所造成的损失程度和范围在很大程度上取决于溃决的速度和程度，因为后者决定了洪水的大小和传播速度，从而影响着下游预警和紧急疏散时间。统计显示，预警时间大于 90min 时，下游处于洪水威胁中的人员死亡率为 0.2%；而当预警时间小于 15min 时，人员死亡率将上升为 50%[13]。因此，模拟溃堤，预测其特性，如溃堤洪水过程线等，为洪水的演进、事故早期预警和人员疏散等提供了重要信息，对防灾减灾和保护人民生命财产安全具有非常重要的意义[14]。

由于溃堤的复杂性和危险性，现场实测资料极为稀少，即使有也多是目测，难以获得确实准确的数据。模型试验亦难以模拟溃堤的发展过程，其中的关键因素如溃口下泄流量等难以测定，国际上溃坝物理模型也只能做到水位跟踪，不能测定非恒定流流量，因此，目前溃坝分析主要依靠数值模拟[15]。

溃堤数值模拟的主要内容包括溃口流量—水位过程、溃口冲刷展宽过程以及溃堤洪水在下游的演进过程和淹没范围。

1.2 溃堤数值模拟的研究现状与进展

由于堤坝溃决洪水所带来的巨大灾害，世界各国都对这一问题进行了大量的研究。欧洲国家启动了多个大型的溃堤溃坝洪水研究项目，如 1998—2000 年美国土石坝溃坝洪水研究项目及欧共体溃坝洪水研究项目（CADAM）项目，这个项目的研究内容有：溃坝波传播的模型、土石坝溃决以及泥沙的影响；紧接其后的 IMPACT 项目是 CADAM 项目的延续，主要进行非常洪水过程与不确定性研究；刚刚结束的 FLOODSITE 项目则是由欧共体资助的，主要研究溃堤机理、过程和风险评估的一个项目。数学模型是洪水风险评价的重要工具，长期以来受到国内外研究者的广泛关注，许多学者对这一问题进行了大量且卓有成效的研究，并开发出一系列的计算模型和软件[16-59]。目前，具有代表性且被广泛用于堤坝溃决分析和下游洪水演进计算的典型计算软件有 HEC-1、HEC-RAS、BREACH 、DAMBRK、FLDWAV、NWS-DAMBRK、NRCS's TR-61、WSP2 水力学模型以及

TR66 简化的溃坝洪水模型。BREACH 模型和 FLDWAV 模型是当前考虑因素较为全面且较成熟的溃堤计算模型。BREACH 模型是 Fread 于 1984 年开发的、用于预报土坝溃决洪水过程线的数学模型。该模型建立在水力学、泥沙动力学、土力学、大坝几何尺寸与数学特征、水库库容特征、溢洪道特征及入库流量随时间变化的基础上。模型有溃口组成、溃口宽度、水库水位、溃口泄槽水力学、泥沙输移、突然坍塌引起溃口扩大、计算方法 7 个主要组成部分。模型可以模拟因漫顶或者管涌引起的溃坝。大坝可以是均质的，也可以是由两种不同材料组成的坝壳和心墙。FLDWAV 模型是 Fread 于 1998 年在 DAMBRK 和 BREACH 模型的基础上开发的功能更为强大的模型。现已有成熟的模型软件可供使用。对于水流的计算原理同 BREACH 模型，溃口参数不同于 BREACH 模型，可进行人为选择，更加灵活。

郭军在分析美国和欧洲开展的溃坝研究项目后认为溃坝研究的发展方向的重点之一是对溃坝机理和过程的研究[60]，应把溃坝机理研究放在首要地位，利用已掌握的溃坝资料，研究坝型、坝高、不同筑坝方式、筑坝材料、抗冲刷特性等研究溃口发展的过程、出库流量过程线，一方面为开展溃坝洪水研究以及下游风险管理、预警系统建立等提供重要的研究基础，另一方面通过大量的原型溃坝资料分析、现场及实验室模型试验的成果，完善和改进已有的溃坝分析软件。

溃堤问题与溃坝问题有其相似之处，如二者都因挡水工程措施失效造成，在其决口处内外两侧都有较大的水头落差，其水流特征都可简化为非恒定含间断的浅水问题等。但一般溃堤水头差较小，水流外泄所造成损失更大，有可能也亟须采取措施进行堵复，相对于溃坝模拟中所关心洪水的演进过程，溃堤计算中更需要详细的了解决口口门局部区域的流场、地形变化、口门展宽速度等变化细节。因此溃堤数学模型不仅需要准确的水流计算，还需要精细的溃口发展过程模拟。

1.2.1 溃堤水流计算

堤防溃决后，河道水流突然下泄，造成下游水位陡涨，从而形成间断波，水流的一些物理参数在间断面上产生间断。1871 年圣维南（Saint-Venant）提出了描述不恒定流动过程的偏微分方程组，为此课题奠定了理论基础。1892 年里特（Ritter）在平底无阻力矩形棱柱体河槽、下游无水的假定下，推导出坝址瞬间全溃峰顶流量的第一个计算公式，一直沿用到现在。1938 年赫里斯佳诺维奇（Christianovic）为了克服里特公式中仅能用于矩形和下游无水条件的局限性，将河槽断面概化为抛物线型，在下游有水情况下，用间断波理论推导了计算公式（但不能用于下游无水或水深很小的情况）。1957 年斯托克斯（Stokes）对里特和赫里斯佳诺维奇公式的正确思路予以吸收，将溃口处流态分为连续波流、临界流、不连续波流三个流态，推导了矩形河谷和下游有水但起始流速为零的瞬间全溃坝址峰顶流量公式。谢任之用抛物线形概化河谷断面，去掉对下游的水深、流速的限制条件，推出了概括前人公式的“统一公式”，可用于各种情况的瞬间全溃的坝址峰顶流量计算，并给出了便于查用的表[61]。以上是对于溃口下游过水断面一类比较规则的处理方法，但是由于溃堤后洪泛区的地形条件复杂，这种处理方式将会严重失真。溃堤水流计算可概化为黎曼问题[62]，由于方程的复杂性，一般采用数值方法求解[63]。

溃堤后水流的演进过程具有典型的浅水运动特点，其传播通常由浅水方程来描述。基于间断波的特点，常用求解浅水方程组的数值方法在计算溃坝水流时常遭失败或失稳，或出现非物理性的振荡现象，或由于间断被抹平而导致分辨率低。鉴于 Godunov 型格式在求解 Riemann 问题中所表现出的卓越性能，潘存鸿等[64-66]采用此格式结合中心差分法求解一维、二维水流方程，取得了较好的模拟结果。梁林等[67]基于四叉树网格，采用 Godunov 型有限体积方法，联合浅水方程、泥沙输移方程、河床变形方程以及口门横向展宽的计算方法，建立了用于模拟溃堤过程的数学模型，并采用黄河典型河段的实际地形和水流、泥沙条件进行了应用研究，得到了黄河溃堤过程中可能出现的口门水流特征和形态的典型变化过程。

同时，一些学者把有限差分法的 TVD（Total Variation Diminishing）概念引入有限体积法，构造了许多具有高分辨率的有限体积法 TVD 格式。如 Toro 根据 Euler 方程与浅水方程的相似性，参照空气动力学中处理间断的方法，探讨将 TVD 方法引入到浅水计算中的具体方法[68]。胡四一和谭维炎是国内较早研究溃坝问题并采用 TVD 格式求解间断洪水波的学者，在研究溃坝波的数值模拟时借鉴了空气动力学的某些概念和计算方法，根据 Saint-Venant 方程组在物理和数学意义上与空气动力学中的不可压缩气体无黏运动方程组相类似并结合两者之间的差别发展了一系列高性能、适合非恒定流（溃坝流）模拟的有限体积法计算格式[69-70]。在此之后进一步采用 Osher 格式实现了采用 TVD 方法模拟二维浅水流动，并在非结构网格单元引入逆风概念，从而实现了跨单元界面法向数值通量的逆风分解，并用该格式模拟了长江口二维浅水流动[71]。但在实际工程中，参数的率定、地形、摩阻系数的处理等问题仍影响着有限体积法的应用[72]。曲红玲[73]采用 TVD-MUSCL 分别求解 Saint-Venan 方程和浅水方程后建立了一维河道溃堤与二维溃堤波耦合计算的水力模型，在虚拟地形上进行计算后得到了较为合理的结果。

ENO（Essentially Non-Oscillatory）和 WENO（Weighted ENO）格式是继 TVD 格式之后被众多研究者用于含间断波水流计算的一种新兴格式。该格式克服了 TVD 格式的低精度、特别是在间断附近降为一阶精度、降低对波面的分辨率等缺点。陈建忠等[74]以三阶中心加权本质无振荡重构为基础，给出了求解二维浅水方程的高分辨率三阶半离散中心迎风格式，该方法的模拟结果与其他方法所得结果一致性表明该方法的有效性和稳定性。魏文礼等人采用三单元模板 WENO 格式分别计算了平地无阻力河道一维和二维瞬间溃决坝体下游的洪水演进，所得结果与溃坝解析解较为吻合，符合流动的物理形态[75]。郭永涛等采用三单元 ENO 格式计算平地无阻力一维溃坝洪水也得到较为理想的结果[76]。实际工程应用上，张大伟等采用 HLL 格式的近似 Riemann 解计算界面通量，并利用 TVD-MUSCL 格式和 Hancock 格式将计算精度升高到二阶后建立数学模型计算了哈尔滨松北西线分洪区溃堤水流的演进过程[77]。Zhao D H 等[78]建立了以非结构三角形或四边形网格，采用 Osher 格式的有限体积法二维非恒定流模型，并应用于福罗里达州的 Kissimmee 河流域的水流模拟。王船海等[79]将流域径流概化为调蓄单元的零维模型、河道水流的一维模型、洪泛区的二维模型，采用直线坐标系下非均匀网格的有限体积法进行流域的溃坝洪水模拟。

溃口流量的过程也是溃堤计算中非常重要的一个项目。由于问题的复杂性，很多学者采用了简化的溃口出流计算方法。

以上所提到的溃堤计算模型大部分均采用宽顶堰溢流或孔口出流的计算公式，DAMBRK、BREACH 等这些被广泛采用的模型都是如此。PAUL KAMRATH 等人在既定溃口形状的条件下采用改进的 Poleni 堰流公式得到了堤防溃口出流量[80]。黄金池在其所开发的统一二维溃坝洪水数学模型中也采用了宽顶堰出流形式的公式计算格尔木温泉水库溃坝溃口处的流量[81]，并对如何给定溃口处有效水深而不致对出流量计算造成偏差进行了探讨。P. J . Visser 等开发了一个无黏性土（沙）堤的溃堤模型，模型中对于溃口流量的计算也采用了宽顶堰出流公式，采用实验对公式中的系数和参数进行率定后将模型应用于荷兰的 Noord 堤溃决模拟[82]。张建国等采用数学模型计算唐家山堰塞湖溃口流量时采用 FLDWAV 模型中以宽顶堰流量公式为基础溃口流量计算公式，计算时假定是溃口为梯形并考虑行进流速和下游的淹没影响[83]。王运辉在分析采用宽顶堰计算堤防溃口的出流量后认为，在实际计算过程中确定各种水动力学因子和边界条件的数值比较困难，计算难以实现且结果的正确性得不到保证[84]。溃坝最大流量既不是溃口刚刚产生也不是在溃口发展到最大时，而应该在溃口发展过程中的某一时刻，许多土石坝溃坝实例也说明了这一点[85]。

黄金池通过对溃口流量计算中所采用各种宽顶堰流量公式进行对比分析后认为，采用堰流公式计算得到的洪峰可能会提前或滞后，且由于溃口冲刷过程与出流过程的相互作用，流量系数对计算结果的影响甚至超出了计算公式本身。与石漫滩水库溃坝流量的实测数据分析结果比较，直接采用里特公式计算土石坝溃坝峰顶流量的结果会显著偏小[86]。由此可见，目前所采用的宽顶堰公式计算溃口流量存在很大的局限性和不确定性，因此本书模型中将直接采用二维浅水方程进行全场计算，而不将溃口处做单独处理，以减少人为处理的不确定性。

1.2.2 溃口发展过程模拟

溃堤的核心是水流对堤身的冲刷和输移。目前大多研究中假设堤防或坝体为均质材料。对于溃口的发展一般有两种处理方式，即瞬间溃和逐渐溃。瞬间溃假设溃口在瞬间形成，且溃口的形状不发生改变，这种溃决对混凝土堤坝或浆砌石堤坝在溃堤数值模拟中属于较为简单的一种情况，很多学者均对此做过研究。余明辉等基于一阶迎风格式建立了平面二维非均匀沙水沙数学模型，采用瞬间溃决假设且忽略溃口的展宽过程，模拟了溃堤口门附近冲刷坑的发展过程[87]。对于土堤若采用瞬间溃决假设且忽略溃口的展宽则会产生较大的误差，但是由于问题的复杂性，很多研究者对于溃口的位置、形状及其发展的模拟一般假定为：溃口初始形状较为规则，其发展过程中断面被均匀冲蚀，继溃口始终保持初始形状不变，如初始溃口为三角形、矩形、梯形或抛物线形，其后则一直保持这种形状，只是溃口或深度有所增加。

Cristofano[16]于1965 年建立的第一个模拟土石坝逐渐冲蚀溃决过程的数值模型中对溃口的假定为：溃口宽度不变且溃口形状为梯形；只考虑纵向冲刷，且冲刷最大只能算到基岩层；不考虑边坡的冲刷；溃口的展宽主要是由于纵向冲刷发展而导致边坡滑塌，边坡滑塌土体相对于水流挟带的泥沙量来说可以忽略；冲槽的底坡始终等于填土的内摩擦角。Harris 和 Wagner[17]在 Cristofano 模型的基础上做了一定的改进，将溃口形状确定为顶宽是深度的 3.75 倍、边坡约为 45° 的抛物线形，并同时假定溃决的侵蚀向大坝底部发展。20 世纪 80 年代，Lou[20]分别提出了一个漫顶引起土石坝逐渐溃决的数学模型。模型最为显著的特点是，不预先人为假定溃口形状，而是根据剪应力分析及冲蚀机理推导出溃口形状的解析解。Lou 在模型中提供了 3 种可供选择的输沙量计算方法：①结合 DuBoy 推移质输沙公式结合 Einstein 悬移质输沙公式计算总输沙量；②将泥沙输移函数表示为溃坝持续时间可冲蚀指数及流速的函数；③根据 Cristofano 模型计算冲蚀速率，将泥沙输移率代入泥沙连续方程直接计算大坝的冲蚀。Lou 认为，漫顶引起的溃口在空间和时间上将不断发展，直至达一个平衡断面。Nogueira[21]也提出了与 Lou 类似的模型，两者最大的区别在于溃口形状的确定方法。Nogueira 模型中溃口冲槽横断面的形状由有效剪切应力确定，亦即由每一点的总剪切应力与临界剪切应力之差确定。1984 年，美国国家气象局的 Fread[22]成功开发了 DAMBRK 模型，这是一个较为全面的溃坝模型，至今仍被广泛应用。该模型的特点在于确定溃口形状时需要的参数少，初始溃口形态只需一个参数即可确定，通过对这个参数的调整可以区别溃口的形状，一般为矩形、三角形和梯形。最终的溃口尺寸由这个参数与最终溃口底宽决定。该模型不包含具体的泥沙输移计算。溃口发展过程被假定为随时间以线性速度增长。Fread 在此后开发的 BREACH 模型[88]中对溃口的形状和发展过程的确定方法做了改进，提供了两种方法可供使用。第一种方法是假定溃口初始为矩形形状；另一种方法是根据土坡的稳定性推导溃口宽度。当溃口下切深度达到临界深度时发生滑塌，临界深度取决于大坝材料的内摩擦角、凝聚力、溃口侧边与水平方向形成的角以及筑堤材料的密度。与 DAMBRK 模型相比该模型最大的改进在于不再需要事先确定溃口的最终宽度和假设溃口的线性展宽，而将溃口的侵蚀速率与水流的侵蚀能力联系起来，并用 Meyer-Peter 和 Muller 泥沙输移关系式计算泥沙输移。

近来英国学者 A.穆罕默德[89]提出了一种新的溃口发展模型。他认为先前提出的各种溃口冲刷模型所采用的假设前提与实际出入较大，要么假定溃口瞬间溃决，此后不再变化；要么只计算溃口的纵向冲刷而忽略横向的展宽；计算展宽的模型中又往往假定溃口均匀冲刷，溃口保持初始形态不变。穆罕默德通过分析溃口断面的水流有效剪应力分布，假定冲刷和有效剪应力成比例，使用泥沙输移公式计算连续冲刷。水流通过溃口时，只有过水部分发生冲刷，溃口扩大，边坡发生变化。随着水流不断冲刷边坡和底面，溃口底宽和高度将逐渐加大，而顶宽不会发生明显变化，因此溃口顶部将会逐渐因为悬空而失稳，导致溃口发生整体展宽，从而可以得到新的溃口形状，可以认为溃口顶宽在失稳前保持不变。这种溃决模式对于黏性土堤和非黏性土堤均适用，不同之处在于黏性土顶部失稳是倾倒破坏，取决于材料的抗拉强度；而非黏性土是剪切破坏，取决于土体的抗剪强度极值。

溃口的发展不仅包含向下的冲深和侧向的展宽，还有沿水流流向的冲刷。拉尔斯顿[90]、瓦尔[91]和汉森[92-94]采用模型试验的手段对这一问题进行了研究，在对大量溃堤和溃坝试验实地观测基础上，提出了一种新的漫溃机理——“陡坎”冲刷。“陡坎”被定义为地面在高程上突降，类似于瀑布状的地貌形态。水流流过“陡坎”时，溢流水舌向下冲击地面并产生反向漩流剪切跌水面，向下掏蚀冲刷跌水面基础，造成跌水面失稳坍塌，“陡坎”不断向上游发展直至溃口上游面。

陈生水等[95]在分析了近年来关于土石坝溃决模拟的研究成果后认为目前土石坝溃决模拟存在以下问题：

（1）目前提出的各种溃坝模型要么假定溃口形状不变，要么假定溃口发展过程中溃口断面被均匀冲刷，与实际情况不符。

（2）溃坝的致灾后果主要表现在溃坝洪水及其所挟带的泥沙对下游的淹没、冲刷和淤积，但现有的溃坝模型对于溃坝洪水及其所挟带的泥沙在下游的演进规律研究工作很少涉及，Singh 等建立的 BEED 模型虽有所考虑，但他们主要是基于冲积平原河流泥沙输移试验，在恒定次临界流状态下针对某个粒径范围内推导得出的泥沙输移方程[96-98]，而大坝溃决过程中大多是非恒定超临界流，而且建筑材料粒径级配范围变化大，因此现有的泥沙输移规律计算方法的合理性尚需深入研究。

针对土石坝溃坝机理和数值模拟中存在的上述问题，陈生水[95]、郭军[60]等建议今后应主要深入开展以下研究工作：

（1）结合离心模型试验所揭示的土石坝溃决机理和溃口发展过程，开展大型溃坝水工水力学模型试验，深入研究溃口流量过程、下游河道洪水冲刷、淹没及泥沙和宽粒径级配范围筑坝材料的输移规律。

（2）提出能合理模拟各种土石坝型溃决过程和洪水、泥沙演进规律的数值计算模型和相应的计算方法，开发具有自主知识产权的大型计算机软件，为准确评价土石坝溃决致灾后果提供重要的技术支撑。

（3）堤坝溃决问题研究重点应放在漫顶破坏和渗漏破坏两方面。通过大量的实测资料统计，洪水漫坝和渗漏破坏是造成土石坝溃坝的两个主要原因，是在欧美国家土石坝垮坝研究的重点，这一点与中国的垮坝情况基本相同。

1.3 模型关键问题

1.3.1 含间断波水流的模拟方法

如图 1.1 所示，在一个水流静止的河道中，中间被建筑物所隔开，在初始时刻左侧（上游）水深为 h_1，右侧（下游）水深为 h_2，由于某种原因中间的隔板突然消失，水流将会以波的形式分别向上下游传播。其中右行波进入下游浅水区，造成下游水深急剧增大。左行波进入上游深水区造成上游水位降低。若上下游水位相差达到某一临界值，则右行波为激波，流动变量在其两侧产生间断。此问题即为一个经典的溃决问题。

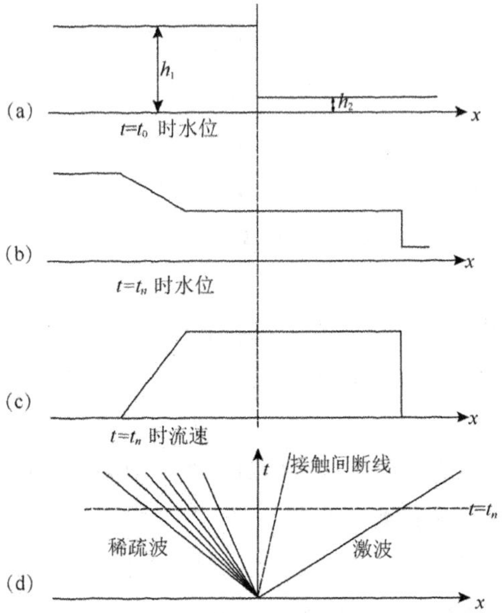

图 1.1 堤坝溃决后洪水波传播过程

图 1.1 中（b）为溃决后 t_n 时刻的水位分布，（c）为相应时刻的速度分布，（d）为将洪水波的传播过程概化为时间和空间的函数，右侧为激波（间断波），左侧为稀疏波（平滑波），稀疏波和间断波之间的区域为剪切波区域。以 h 代表平面二维区域中的水深，u 代表 x 方向速度，v 代表 y 方向速度，则在图 1.1 所示的方向上，通过激波和稀疏波区域时 h 和 u 发生改变，而 v 保持为常数；通过剪切波区域时，v 会产生不连续的变化而 u 和 h 则保持不变，如图 1.1 中（b）、（c）所示。通过左侧的稀疏波，右侧的激波和中间的接触间断线可将流动划分为四个不同的区域：左右常数态区域和接触间断线左右状态区域。对于一般守恒型方程：

$$\frac{\partial(u)}{\partial t}+\frac{\partial f(u)}{\partial x}=0 \tag{1.1}$$

其间断点或者激波的传播速度满足如下的间断关系：

$$S[u]=[f(u)] \tag{1.2}$$

式中：S 为间断或激波的传播速度；[*] 为其内部函数在间断点或激波的左右两侧

的跳跃，或者变差：

$$[f(u)] = f(u_r) - f(u_l)\,,\quad [u] = u_r - u_l \tag{1.3}$$

关系式（1.2）称为 Rankine Hugoniot 跳跃条件 RH 关系。求解间断问题就应当具有间断的观点，间断解的数值计算主要有两条途径：拟合间断法（激波装配法）和捕捉间断法（激波穿行法）。

1．拟合间断法

此法在间断点直接地和明显地引用代数形式的 RH 条件，拟合一个能根据此条件衔接其两侧流动的间断。关键在于“直接地引用”。以一维明渠中定常水跃为例，已知渠首与渠尾的水力要素，先确定水跃两侧的水面线，当这两条曲线在同一位置的水深构成共轭水深时，水跃就发生在该位置，常用试错法来确定。对于运动间断来说，还要计算间断传播速度，不断追踪它的形状和位置，反过来又会影响到两侧水面线，运动间断点是位于计算域内部的、光滑区的动边界点。在数值计算中，在间断点利用 RH 条件和单侧格式。

用拟合法计算间断包括下列步骤：①探查可能的间断点（要排除由于数值误差产生的假间断）；②确定间断展开区并对其中心定位、间断点分类；③确定间断传播速度；④把间断点连成间断线等。这些处理与拟合法中追踪间断相似，需建立专门算法，可利用图像处理、人工智能、模式识别、自动分类等软件工具。还要相应修改间断点附近所用格式，甚至局部适应性地调整网格。

拟合间断法的优点是：①间断两侧的水力要素严格符合跳跃条件。间断位置及传播速度也准确（下述捕捉法的结果则是近似的）。②数值间断形状陡峭，可说是具有无限分辨率，一维情形为一个点，二维情形为 x-y 平面上一条间断线（常为分段光滑曲线）。其缺点是：①计算比较繁复，间断点和内点要分别采用不同算法，要不断追踪运动间断。②对二维问题要求把数值计算中检测出的各个孤立间断点连接起来。当同时存在多条间断线时，连接工作常在拓扑和逻辑处理上遇到困难，要求程序能自动从大量可能的连接方案中作出选择。

在使用非守恒形式的方程和格式（如特征法）进行计算时必须采取拟合法，因为此时无法捕捉间断。拟合法常用在下列情况中：恒定间断、间断强度较小、格子尺寸较大不能满足分辨率要求、对间断解精度要求高、间断形状简单等。

2．捕捉间断法

此法在全计算域内统一使用能高分辨率地自动捕捉间断的单调守恒逆风格式（或加黏的中心格式）来计算，不必对间断点另作专门处理，不明显使用跳跃条件。

捕捉法的优点是：在计算域内使用同一种格式，由程序根据相邻点的数值解自动调整格式黏性，捕捉间断，故程序简单通用，既适于光滑解，也适于间断解。其缺点是：①间断有一定程度展平，位置不确切，其展延宽度与格子大小及格式黏性成正比。尽管当代优良格式对间断的分辨率已达 2～3 个格子，如要求高分辨率，则格子尺寸必须很小，至少在间断附近要加密网格。②捕捉间断的两侧状态近似满足 RH 条件，有一定误差。

捕捉法对格式的选择很严格。首先必须达到“三守恒”的要求：以守恒变量为因变量、守恒型微分方程、守恒型格式，否则计算出的间断解是不正确的，流动要素的跳跃及间断传播速度不满足跳跃条件。其次，要求格式具较高性能，使所捕捉到的近似数值间断的精度较高，并自动选择符合熵条件的物理间断。捕捉法多采用显格式，因为解的时空变率常较大，且网格尺寸较小。如用隐格式，因时间步长大，在间断点附近有时需作特殊处理，从而要追踪间断。目前好的格式已能准确模拟在线性对流方程控制下方波的平移。

因此只要能够构造或选用高性能的数值格式，就可避免繁复的激波拟合过程，而采用更加通用的方法对水流流动进行全场计算，提高计算效率和程序的通用性。高性能的数值格式首先必须具备如下特性：

（1）相容性。一切离散格式首先必须具有相容性，即当时空步长趋于零时格式收敛于原来的微分问题。

（2）守恒性。只要方程正确表达了有限控制体的质量及动量平衡，便具有守恒性。没有守恒误差，尤其是水量不会在计算过程中不合理地增减，同时数值解精度通常较好。尤其是在用伪不恒定法计算恒定流时，要求每一时间步的守恒误差为零，不会积累。计算稳定性通常也较好，守恒误差扮演了虚假扰动源的角色。只有守恒格式才可用来计算间断，数值解在间断点满足跳跃条件。

（3）逆风性。逆风性来源于解具有波动传播的性质（“逆风”一词原先用于气流计算，后延伸到水流计算，为了确切有时也称“上游”）。守恒性和逆风性是双曲守恒律的最基本的数学性质。逆风性是由浅水方程具有对流输运方程形式决定的。即使加上二阶黏性项，通常仍然是对流占优（除边界层外），故多用逆风格式。虽然有时用中心格式，但通常要加上人工耗散项，两者又组合成等价的逆风格式。

（4）计算的稳定性。如计算不稳定就得不到解。失稳的本质是数值解在微小扰动下发生的突变现象。

（5）数值解的收敛性。数值格式的准确解与原微分问题的真解之差称离散化误差。当时空步长趋于零时，离散化误差亦趋于零，称格式具收敛性。相容性只保证数值格式收敛于原微分问题，更重要的显然是数值解收敛于真解。

（6）高精度。高精度格式的优点是位相误差小，这一点对于溃堤后计算洪水演进速度和确定洪水淹没范围较为重要。

（7）无虚假震荡。一般的水流计算中对无虚假震荡的要求并不高，在溃决计算中由于激波的存在大部分格式会出现虚假的震荡。因此，在计算间断（或解梯度大）时，要求格式含足够耗散，使数值解不出现虚假振荡。自20世纪50年代提出在格式中加入人工黏性以来，不断改进并获得应用，但人工黏性系数的调整有主观任意性。人们自然地提出了设计无振荡逆风格式的目标。非齐次项和边界条件可能使解产生波动，故无振荡要求是对齐次方程的柯西问题来说的。

（8）高分辨率捕捉间断。真实间断的相对厚度的量级与雷诺数成反比，可看作零。早期在二阶中心格式中加入人工黏性，或使用普通的一阶逆风格式，因黏性过强数值间断可能展宽达几个到十几个格子，且光滑区解的精度也会大大降低。因此，要求人工黏性和格式黏性的强度具适应性，在光滑区黏性自动减小以提高精度，而在间断点附近或梯度大的区域又自动加强，以防假振并达高分辨。

（9）健全性。各种文献中对健全性有不同定义，可综合为下列要求：①能在不利情况下（如小水深、高流速、陡坡度、大变率等）给出合理而无振荡的解。②能保证数值解不因所用网格而异（包括结果对网格旋转无关）。例如，选择一个简单的明渠均匀流问题，所用格式在不同网格上的计算结果必须一致。③格式中不含专门为数值计算而引入的、需要人工加以调整的参数（如人工黏性），如果它们影响到最终数值解的话。目的是保证成果的客观性。物理参数（如糙率）及不影响解的参数（如控制代收敛速度的松弛系数）不在此列。④在稳定收敛的范围内，恒定流解应与所用时间步长 Δt 无关。

（10）通用性。要求格式能适用于各种流态（恒定流／非恒定流、缓流／急流、连续／间断）、任意几何形状及水下地形、多种网格布置、多种边界条件组合等尽可能多的情况。

为了采用通用的格式对包含间断的水流运动进行全场计算，而避免刻意寻找间断或在间断处采用另外的方法进行单独处理，以保证计算模型的健全性和通用性，Godunov 等最早提出了采用 Riemann 方法处理整个流场计算，即在每个时间层上，由网格上的积分平均值定义了一个阶梯状的函数分布，因此每两个网格之间即形成一个间断，都可以看作是间断分解的 Riemann 问题，从而构成了每一个时间层上的 Riemann 问题列，从而无需刻意寻找真正的间断所在，所有计算区域包括间断处都可以自动被计算。Godunov 通过精确 Riemann 问题解法在每两个单元的界面处求解一个间断，但由于计算量过大。此后虽然 Riemann 问题近似解用于计算中，但是也仅限于一阶精度，因为 Godunov 通过数学证明得到，任何高于一阶精度的线性数值计算格式均会在间断附近产生虚假的震荡。精确解计算太大，近似解仅有一阶精度，使得 Godunov 方法不具有实用性，在实际应用中受到了限制，并未受到研究者的重视。此后 van Lee 将 Godunov 格式的精度提高到二阶，Roe 等紧接着提出了新的更高效的 Riemann 问题近似解法，使得采用 Riemann 问题求解流体运动方程的可行性大大增加。由于 Godunov 首次提出将整个流场作为一系列 Riemann 问题进行求解，并在此方面做了大量的开创性的工作，因而此后采用这一思路所建立的数值格式统称为 Godunov 型格式[99]。

要将 Godunov 型格式精度提高到二阶以上，首先必须消除格式在间断处的虚假震荡。以 Harten 为首的学者在这方面做出了卓越的贡献。Harten 于 1983 年发表的论文中首次提出高分辨率方法、TVD（Total Variation Diminishing）概念和运用限制函数或限制器（Limiter）的技术[100]，为数值方法，特别是数值计算格式的构造开拓了一个崭新的方向。其后众多学者在这一概念的基础上提出了大量的 TVD 格式和限制器，如采用 Roe 提出的通量限制器 superbee 和 van Lee 提出的限制器被广泛应用于计算中。TVD 格式解决了格式在间断附近的虚假震荡问题，提高了对间断的分辨率，为后续的研究奠定了良好的基础。TVD 格式主要有如下特征：

（1）一阶 TVD 格式（包括黎曼解）相当单侧格式，不必加限制。二阶格式在控制体内线性内插相当 Lax-Wendoff 格式，要加以限制。它是影响格式性能（正性、精度、稳定性、收敛速度、对间断分辨率等）的关键因素。对坡度和通量限制均可采用逆风限制或对称限制。在限制的允许区域中有多种选择。限制因子在允许区域上方时压缩性强。如 superbee 限制的压缩性最强，利于使气流中的激波和接触间断保持陡峭形状。但可能产生过度压缩，且因降为一阶，使极值衰减较快。一般宜采用中心限制，对不同因变量可采用不同限制。如在 Roe 的 FDS 格式中，对非线性特征场用中心限制，而对线性退化特征场用压缩性强的限制。

（2）当解的坡度大时，低阶限制不能防止小波的出现。这是因为此时限制因子误差大，且会积累。可采取高阶限制，即缩小通量允许变幅的上下限。

（3）限制因子也有副作用，如降低了隐格式的收敛速度等。

（4）TVD 格式如不作处理，其数值间断不一定满足熵条件。

TVD 方法尽管解决了传统格式在间断处所产生的虚假震荡，但格式的计算精度却受到了限制，大部分 TVD 型格式为一阶格式，即使采用二阶格式，也会在间断处由于限制器（实际相当于加入人工黏性项）的加入而降为一阶格式，从而使得格式对间断的分辨率不高，因而 Harten 等在 1986 年又提出了无震荡格式（non-oscillatory）的概念和思想。1987 年 Harten 和 Engquist、Osher 和 Chakravathy 等提出了本质无震荡（ENO，Essentially Non-Oscillatory）格式的方案，并发表了一篇具有开创性意义的文章，详细论述了这种方法的基本结构、步骤和理论[101]。

ENO 格式的主体思想是通过扩展计算的节点数或者说是增加控制单元的范围即单元模板的个数，来增加计算的精度。此方法最大的贡献就是发展了一种巧妙的建立节点模板，同时构造数值流通量的方法。这正是它能实现或者基本上能实现"本质无振荡"目标的关键。模板的选择又分为固定模板和优化模板两种方案。逆风思想和差商模极小化思想模板是构造中的两个关键思想。

ENO 方法构造单元边界处变量首先需要根据逆风原则确定初始模板，选定来流方向的单元作为初始模板。假设：

$$\frac{\partial f(u)}{\partial u}=a>0 \tag{1.4}$$

则构造界面 $x_{i+1/2}$ 处的变量值时可选的初始模板为 $S_1=[\overline{u}_i]$。如果仅以这个模板构造数值通量，则构造的格式即为一阶迎风格式。要提高精度就需要扩充模板上的节点数。显然，要扩展节点模板，有两种可能，即由当前基准点向左扩展一点，或者向右扩展一点。ENO 方法中采用差商极小化方式扩展模板节点的优化过程，以实现"本质无振荡"的效果。记向左和向右扩充后的模板分别为

$$S_{2L}=[\overline{u}_{i-1},\overline{u}_i]，\ S_{2R}=[\overline{u}_i,\overline{u}_{i+1}] \tag{1.5}$$

选择 S_{2L} 还是 S_{2R} 作为模板，需要比较其斜率，即牛顿差商的绝对值，取其绝对值小者作为扩展后的两节点模板 S_2。同样的方法可以在此模板的基础上继续构造三节点甚至更多节点的模板。

逐次积分加密节点的方法可以达到高精度。ENO 方法尽管不是加密节点，而是逐次增加节点数的节点模板，但最终实现了提高分辨率和高精度的目的。其共同点是都有相同的继承性，也就是前面节点数计算的结果可以在增加节点后仍然采用。该方法还有一个重要的特点，就是每次增加两侧节点扩充模板时，要进行牛顿差商的绝对值的比较，类似于 van Lee 的斜率比较，取其极小值的扩充作为新的模板，同时插值逼近增加一项高阶牛顿插值逼近。这样使格式的单调性得以保证，从而实现"本质无振荡"的目的。

针对 ENO 格式实施过程中许多中间结果被舍弃不用而造成的资源浪费，Liu 建议对中间结果进行一定的加权处理，并提出了 Weighted ENO 方案[102]，即 WENO 格式，格式的精度理论上可以达到无限阶，使格式得到更为广泛的应用。这一格

式迅速被许多研究所接受，并被广泛应用于流体力学的计算中。

基于上述关于堤坝溃决洪水模拟问题的讨论，本书所建立的模型中，以守恒型二维浅水方程作为控制方程，以三节点模板 WENO 格式构造单元界面左右两侧守恒变量，采用 Roe 提出的线性化近似 Riemann 解求解单元界面处数值通量，模型具体建立过程见第 4 章。

1.3.2 溃口展宽模拟

如前所述，堤防溃决后溃口的发展主要表现在两个方向：向下的冲深和侧向的展宽。对于垂向的冲刷和淤积问题可以采用传统的泥沙动力学模型进行模拟，而侧向的展宽则不仅在溃口的展宽过程中受到研究者的重视，而且由于其机理的复杂性，在数值模拟方法上也存在着一定的困难，是建立溃堤模型的一个关键点也是难点之所在。初始溃口形成后，大量的水流从溃口流出，从而形成类似于支流的一条通道，因此溃口展宽过程模拟可以参照河道展宽模拟的研究方法。研究河岸展宽的思路大致有如下三种。

1.3.2.1 经验关系法

影响冲积性河流河宽调整的因素有很多，其变化过程也十分复杂。最初，学者们只能通过观测天然河道、灌溉渠道以及模型试验来了解其影响因素，不断总结出各种河宽（断面几何形态）随来水来沙和比降变化的函数关系，称之为河相关系，这也是最早研究河宽变化的经验方法。

这一学派的代表人物是 G. Lacey[103]。他根据稳定灌溉渠道的资料，通过分析过水断面几何形态变化与相应水流流量之间的关系后，提出了如下形式的均衡理论模型：

$$W = aQ^b\ ;\quad D = cQ^f\ ;\quad V = kQ^m \tag{1.6}$$

式中：W、D、V 和 Q 分别为过水断面的河宽、平均水深、平均流量和水流流量；a、c 和 k 为系数，主要由河道中的泥沙组成决定，但在天然河道中也与岸边植被、河床糙率、比降及含沙量等因素有关[104-109]；b、f 和 m 为指数。

Leopold 和 Maddock[110]将均衡理论关系用于美国河流，得出适用于天然河流的水力几何形态模型。水力几何形态模型包括断面和沿程水力几何关系两个方面的内容。长期以来的研究结果表明，断面水力几何模型中指数的取值范围变化很大，没有统一的规律。这主要是由于，在多数情况下过水断面的流量均小于其造床流量；而沿程水力几何模型中的指数变化却具有很明显的趋势性[110]，并且在大多数情况下，沿程水力几何模型与 G. Lacey 等[103]建立的均衡理论极为接近。通常情况下该模型形式较为复杂，经简化和近似可表示成如下的形式：

$$W = aQ^{1/2}\text{；}\ D = cQ^{1/3}\text{；}\ S = kQ^{-1/6} \tag{1.7}$$

阿尔图宁[111]根据苏联中亚西亚河流资料，得到了如下的关系式：

$$B = A_1 Q^{0.5} J^{0.2} \tag{1.8}$$

在国内，涂启华[112]等分析了黄河下游高村以上游荡性河段水文站的实测资料后，加上了含沙量的影响，并将河宽表示为

$$B = KQ^{\alpha} S^{\beta}\text{，}\ K = 18.5 \sim 50\text{；}\ \alpha = 0.51\text{；}\ \beta = -0.61 \sim -0.34 \tag{1.9}$$

王国兵[113]等通过大型水槽的实验研究，得到随着含沙量增大，河宽呈明显的减小趋势，与涂启华的研究趋势一致，表达式如下：

$$B = 0.215 Q^{0.5} S^{-0.12} \tag{1.10}$$

伴随着以水力几何形态模型为代表的一系列均衡理论关系式的出现，人们对河宽变化的研究也越来越深入。由于均衡理论中，流量对于河宽变化的影响研究的较为深入，而河岸组成仅局限在系数的变化上，因此随后一段时间内，开始出现了（同时包括以流量、比降为自变量）各种以河岸组成及其抗冲性为影响因素的经验方法，如河床综合稳定法、切应力方法、河岸抗冲性法等。

1．河床综合稳定法

张满春等[114]认为对河宽的修正不仅受到给定河岸条件的限制，还要根据河流的造床过程而作出相应的调整。在建立模型和利用黄河三门峡水库实测资料进行模型验证时，采用张红武[115]的河床综合稳定性指标作为河相关系均衡调整准则进行计算，即

$$\frac{\left(\dfrac{\gamma_s - \gamma}{\gamma} D_{50} H\right)^{1/3}}{iB^{2/3}} = \xi_* \tag{1.11}$$

式中：i 为河床比降；B 和 H 分别为造床流量下的河宽及平均水深；D_{50} 床沙中值粒径；γ_s 和 γ 分别为泥沙及水流的比重；ξ_* 为河床综合稳定性指标。对于不同的河型，ξ_* 的取值范围有所不同，游荡型河道 $\xi_* < 5$，分汊型河道 $5 < \xi_* < 15$，弯曲型河道 $\xi_* > 15$。然后将河床综合稳定性指标运用于断面的自动调整过程中，对河宽的调整以式（1.11）的约束关系来确定其变化值。

2．切应力法

Lane[116]提出了临界切应力方法确定河宽，这种方法要求河岸物质的允许切应力 τ_c 要不小于水流切应力 τ（$\tau = \gamma hJ$，h、J 分别为断面平均的水深及水面比降），即 $\tau_c \geqslant \tau$。在一定的流量、比降及糙率等条件下，结合曼宁公式可得：

$$B=\frac{nQJ^{7/6}\gamma^{5/3}}{\tau_c^{5/3}} \tag{1.12}$$

式中：Q 为流量，m^3/s；n 为糙率。在已知河岸组成物质的粒径后，可通过 Lane 建议的 τ_c-d 关系曲线，查出 τ_c 的值。当由式（1.12）计算的河宽大于原有河宽时，河岸将不可避免地发生冲刷展宽。

梁志勇[117]通过对荆江来家铺河段河岸展宽速率与剪切力的统计分析发现，河岸冲刷速率与河岸土体的起动切应力 τ_c 或近岸的水流切应力 τ 、剩余切应力（水流切应力与起动切应力之差）有关，可用下式表示：

$$\frac{\Delta B}{\Delta t}=f(\tau_c\text{或}\tau,\tau-\tau_c) \tag{1.13}$$

式中：ΔB 为河岸冲刷后退的距离；Δt 为河岸冲刷的持续时间。

周建军[118]根据长江三峡物理模型上观测到的河岸冲刷现象，即非均匀沙在侧向冲刷的条件下，其冲刷面几乎为垂直状态。这种冲刷过程与应急自溃堤的侧向冲刷过程类似[11]。因此假设在河岸冲刷过程中，冲刷面为铅垂面，并且水流侧向冲刷河岸的速率为

$$\frac{\Delta B}{\Delta t}=\frac{\psi}{\gamma_s\gamma}(\tau-\tau_c)\tau \tag{1.14}$$

式中：ψ 为河岸冲刷系数，取 $\psi=11.27\times10^4\times d_{50}^{-0.7386}$；$\gamma_s$ 为泥沙密度。

3．河岸组成及其抗冲性法

俞俊[119]从流域来水来沙及边界条件出发，根据国内外许多不同河型河流的实测资料，建立起一组以河岸或河底组成物质的相对可冲刷性或相对稳定性为参数的平原河流的河宽表达式，能够反映边界条件对于河宽的影响，其表达式如下：

$$B=3.5Q^{0.50}\left[\frac{m}{\sqrt{D_{50}}}\right]^{-0.28}s^{-0.13}d_{50}^{-0.096} \tag{1.15}$$

式中：Q 为多年平均流量，m^3/s；s 为多年平均含沙量，kg/m^3；d_{50} 和 D_{50} 分别为悬沙与床沙的中值粒径，mm；m 为历年最低水位与多年平均水位之间的左、右岸稳定边坡系数的平均值。

苏联的 Be ликанов, M. A. [120]根据洛赫金的假说，用量纲分析法求得河宽、水深与水力、泥沙因素的关系式，表达式如下：

$$\frac{B}{D}=K_1\left[\frac{Q}{D_{50}\sqrt[2]{gD_{50}J}}\right]^{x1} \tag{1.16}$$

式中：D_{50} 为床沙粒径，mm；K_1 为系数；J 为比降。

Schumm S. A[121]根据美国平原地区和澳大利亚新南威尔士地区的河流资料得出结论，即随着河床和两岸沉积物黏性土含量的增加，河宽呈减小趋势，河宽与黏性土含量关系如下：

$$\begin{cases} B = 43.7Q_n^{0.38}M^{-0.39} \\ M = \dfrac{i_B B + 2i_W h}{B + 2h} \end{cases} \tag{1.17}$$

式中：Q_m 为年平均流量，m3/s；i_B、i_W 分别为河床和两岸沉积物中粉沙黏土的百分率数。

许炯心[122]在俞俊的研究基础上,从土体物理力学性质与水流作用力的对比关系出发，建立了河床边界抗冲性的定量指标；根据丹江口水库下游汉江的资料，建立了河宽的展宽率与边界条件、水动力条件之间的函数关系。

受河底卵石层影响的河宽展宽率可表示为

$$\frac{\Delta B}{B} = 0.91 - 0.27\ln\left(\frac{M}{0.76\gamma HJ}\right) \tag{1.18}$$

未受河底卵石层影响的河宽展宽率可表示为

$$\frac{\Delta B}{B} = 0.35 - 0.14\ln\left(\frac{M}{0.76\gamma HJ}\right) \tag{1.19}$$

式中：M 为抗冲性指标，可用 Schumm 提出的河床与河岸组成中小于 0.076mm 颗粒百分数的加权平均值来间接表示河岸抗冲性的大小[121]；γ为水的比重；H、J 分别为水深和比降。

经验关系法模拟河岸展宽过程，尽管方法简单，但却也存在一定的局限性。首先，这些经验公式大多是利用实测资料拟合得到，对于不同的河流其河岸组成、土体特性以及河岸的几何形态都不尽相同,在公式拟合的过程中不可能面面俱到,只能考虑其中较为重要的因素,因此该方法只适用于资料来源的范围或地质条件、影响因素相似的地区，不具有推广性；其次，这些关系式主要是针对河道形态的宏观变化，描述在某种水沙条件下河道所能达到的稳定平衡状态。而溃堤过程中，溃口发展处于剧烈的变化当中，采用经验关系法预测溃口展宽存在一定的难度。

1.3.2.2 极值假说

极值假说法起源于 1746 年 Pierre-Louis Maupertuis 提出的最小作用原理。20 世纪中叶，河流地貌学也开始将目光投向了这里。学者们将这些极值假说，与水流连续方程、运动方程、泥沙输移方程联立就可解出可调量宽度 B，水深 H，流速 U，比降 J 与给定流量及输移沙量的关系。这些假说主要有：最小能耗率

$[(\gamma Q+\gamma_s G)J]_{\min}$ 假说，最小河流功率 $(\gamma QJ)_{\min}$ 假说，最小单位能耗率 $(UJ)_{\min}$ 假说，最小 Froude 数 $F_{r_{\min}}$ 假说，最大阻力系数 $f_{\max}$ 假说，最大输沙率 $G_{\max}$ 假说，最小方差假说，最小活动性假说，等等。

1．最大统计熵理论

Leopold 和 Langbein[123]提出的最大统计熵理论是第一个将极值假说应用于河相关系并被普遍接受的理论。他们认为冲积河流系统与开放的热动力学系统相类似，因此，与能量有关的热力学第二定律同样适用于冲积河流系统。把理想气体中的单位质量所具有的能量的概率分布与河流系统中沿程各段的能量的概率分布相类比，由最大概率代表最有可能出现的平衡状态，则可以得到冲积河流调整的结果是能量沿程分布保持均匀，并以此推断出沿程的 UJ 为常数。尽管用熵的概念分析河道断面形态的变化时得到了一些与经验相符的认识，但是将理想气体与边界组成不同的河流非线性系统相类比并没什么充分的理由。

2．最小单位能量耗散率假说

杨志达等[124-125]将热力学中系统趋于平衡时的熵最小原理借鉴到河流系统中，把明渠流的水面高程 Y 和热力学中的熵 S 作类比，得到最小单位能耗率：

$$\frac{\mathrm{d}Y}{\mathrm{d}T}=\frac{\mathrm{d}x}{\mathrm{d}t}\cdot\frac{\mathrm{d}Y}{\mathrm{d}x}=UJ=\min \tag{1.20}$$

并基于该假说对排水网状结构和河道形态的调整做出了解释，但是直接将 Y 与熵 S 类比的假说同样缺乏严格的理论基础，对此已有许多学者提出了质疑。

3．最小能态和最小能耗率假说

Song 和 Yang[126-129]提出，系统趋于动态平衡时，系统内各因素将自动调整其能耗率达到最小，即

$$\phi=-\frac{\mathrm{d}E}{\mathrm{d}t}=\min \text{ 或 } \frac{\mathrm{d}\phi}{\mathrm{d}t}=0 \tag{1.21}$$

对于河流系统，能量耗散率可写为

$$\Phi=\left(\gamma Q+\gamma_s G\right)JL \tag{1.22}$$

单位长度上的能耗率即为

$$\Phi=\left(\gamma Q+\gamma_s G\right)J \tag{1.23}$$

当忽略 $\gamma_s G$ 时，即得到常见的河流功率表达式：

$$\Phi=\gamma QJ \tag{1.24}$$

当河流系统达到或趋于动态平衡时，Φ 将取极小值。虽然作者曾用该假说合理的解释了很多问题，但这些仍无法证明该假说 $\phi=\min$ 的正确性。因为，对于式（1.21）在理论上能否成立的最大质疑莫过于此式是从热力学中熵最小原理类

比得到，而实际上是否存在这种类比关系还有待进一步研究。

4．最大输沙率假说

Pickup[130]和 Kirkby[131]认为应该将泥沙输移的影响考虑进去并提出了最大挟沙能力假说。由于冲积河道断面参与到输水输沙过程中去，这个假说在直观上是符合逻辑的。虽然 Pickup 的研究集中于天然河道水流所形成的最优输沙断面和流量的回归曲线的关系上，但 Kirkby 的理论分析显示，最大挟沙能力假说可以作为河流系统中的一个基本原理。随后，White[132-133]等将其应用于数学模型中并得到了较为可靠的结果。

5．最大阻力系数假说

鉴于$(\gamma QJ)_{\min}$与$(UJ)_{\min}$分别是与层流及线性热动力学中的能耗率最小原理及熵产生最小原理类比而来，而这些情形与通常表现为高度紊乱和明显非线性的河道水流有着本质上的不同，Davies 等提出了最大阻力系数假说[134-135]，即在不同水流条件下，当河流系统处于平衡状态时，系统中各因素总是不断地调整以使阻力系数f达到最大，并基于当实验沙坡尺度比与平衡河流沙坡尺度比一致时阻力系数达到最大的事实给予支持。根据 Davies 等对$f_{\max}$假说作的分析，按定义：

$$f = \frac{8gHJ}{U^2} \tag{1.25}$$

结合

$$Q = BHU \tag{1.26}$$

得到

$$f = \frac{8gH^3B^2J}{Q^2} \tag{1.27}$$

实际上，$f_{\max}$与$(\gamma QJ)_{\min}$及$(UJ)_{\min}$只是在形式上存在等价关系。这主要是由于，分析发现，对应于$f_{\max}$的既非$Q_{\min}$，$(UJ)_{\min}$和$(\gamma QJ)_{\min}$，也非$Q_{\max}$，$(UJ)_{\min}$或$(\gamma QJ)_{\max}$，而是一些意义含混的值。并且，$f_{\max}$假说不仅不与$(\gamma QJ)_{\min}$等价说等价，而且在数学上根本不存在极值。因此说明 Davies 的分析比较牵强，$f_{\max}$作为一种假说对解决河流系统平衡问题的有效性是值得怀疑的。除此之外，常见的还有最小 Froude 数假说[136-137]及最小活动性假说[138]等。

极值假说是用来预测平衡状态下的断面形态以指导河床演变的方向，主要是对河宽和水深的模拟。在现有的泥沙数学模型的基础上，引入一个附加方程来预测平衡状态下的河宽。用极值假说来模拟河宽变化曾经风靡一时，用它解决了断面形态如何保持稳定这一重要问题，但它忽略了水流作用于渠道边壁的力及边界的反作用力之间的相互作用的具体过程，而只给出了从不平衡状态向平衡状态变化时河宽调整的最终结果；并且这些假说只能估计河宽变化的总量，无法确切地估计左右岸的变化情况[139]。极值假说理论主要用于预测河流在宏观上的一种向平衡状态发展的趋势，无论在时间上还是在空间上都具有宏观性，而溃堤后溃口发展过程，属于短时间内河道宽度的剧烈变化，因此极值假说对于溃口的展宽过程模拟也显得无能为力。

1.3.2.3 水-土动力学模拟方法

由于河宽变化跟边界条件的关系是密不可分的，人们不得不开始考虑按照不同的河岸组成分别对河宽的变化进行讨论，得到针对不同河岸组成的河宽变化模型。该方法能够针对不同河岸在水流条件下的受力作用以及变化过程分别建模，20 世纪 80 年代后，人们开始更多地采用这种方法来计算河宽的变化。其中一种以力学方法为基础的水-土动力学方法正在逐渐发展起来[139]，并成为模拟河岸冲刷与崩塌过程的主流方法。这种方法采用水动力学模型计算床面冲淤变形，然后用土力学模型分析河岸的稳定性，适用于不同类型的土质河岸。水-土动力学方法以牛顿力学作为基础，具有严格的理论基础，虽然分析及计算过程较为复杂，但无论对于普通的河道展宽过程还是剧烈的溃口展宽过程都能够比较准确的进行模拟。本书中对于溃口展宽过程将采用水-土动力学方法进行模拟，具体方法详见第 4 章。

参考文献

[1] 洪庆余. 中国江河防洪丛书：总论卷[M]. 北京：中国水利水电出版社，1998.

[2] Wright, J.M., etc. The Nation's Responses to Flood Disasters: A Historical Account, 2000: 3 - 4.

[3] 左大康. 现代地理学词典[M]. 北京：商务印书馆，1990.

[4] 许朋柱，姜彤. 浅论洪水的完全影响[J]. 灾害学，1997, 12(1): 88 - 92.

[5] 马宗晋. 中国重大减灾问题研究[M]. 北京：地震出版社，1992.

[6] Berz. G., Flood Disasters: Lessons from the Past—Worries for the Future, Proceedings of the Institution of Civil Engineering[C]. Water & Maritime Engineering, 2000, 142: 3 - 8.

[7] 徐慧生. 中国部分自然灾害之最[J]. 灾害学，1986(1): 51 - 87.

[8] 黄朝迎. 1991 年我国气象灾害综述[J]. 灾害学，1992, 7(2): 60 - 64.

[9] Clarke R.A. Floods: is forecasting a solution? IAHR Southern African Division Biennial Congress "From flood to drought" [C]. Sun City, South Africa. 1996, 8: 5 - 7.

[10] Ni J.R., Borthwick A.G. L. Discussion, Flood disasters: lessons from the past - worries for the

future[C], by Gerhard Berz, J. of Water & Maritime Engineering, ICE, Vol.148, Issue 1, 2001, 57-58.

[11] White, W.R., Water in Rivers: Flooding, Proceedings of the Institution of Civil Engineering. Water & Maritime Engineering[C]. 2001, 148 (2): 107-118.

[12] 刘仲桂. 中国南方洪涝灾害与防灾减灾[M]. 广西：广西科学技术出版社，1996.

[13] BROWN C.A, GRAHAM W.J. Assessing the threat to life from dam failure[J]. Water Resouces Bulletin, 1988, Vol.24(6).

[14] 朱勇辉，廖鸿志，吴中如. 长江科学院院报[J]. 长江科学院院报，2003, 20(2): 26 - 29

[15] 郑邦民，赵昕. 计算水动力学[M]. 武汉：武汉大学出版社，2001:183 - 187.

[16] Cristofano, E.A. Method of computing erosion rate for failure of earth fill dams[J]. Bureau of Reclamation, Denver, Colorado, USA. 1965.

[17] Harris, G.W., Wagner, D.A. Outflow from Breached Earth Dams[D]. University of Utah, Salt Lake City, Utah. BSc. 1967.

[18] Brown, R.J., Rogers, D.C. BRDAM users manual, US Department of the Interior, Denver, Colorado, USA. Service, W. a. P. R. 1981.

[19] Ponce, V.M., Tsivoglou, A.J. Modelling gradual dam breaches[J]. Journal of Hydraulics, 1981, Vol. 107 (No. 7): 829 - 838.

[20] Lou, W.C. Mathematical modelling of earth dam breaches[D]. Colarado State University, Fort Collins, Colorado, USA, 1981.

[21] Nogueira, V. A Mathematical Model of Progressive Earth Dam Failure[D]. Colarado State University, Fort Collins, Colarado, USA, 1984.

[22] Fread, D.L. DAMBRK: The NWS flood forecasting model. 1984.

[23] Wetmore, J.N., Fread, D.L. The NWS simplified dam-break flood forecasting model for desktop and hand-held microcomputer. FEMA, 1984.

[24] Chen, Y.H., Anderson, B.A. Development of a methodology for estimating embankment damage due to flood overtopping, FHWA/RD-86/126. Simons Li & Associates, F. C., Colorado, USA, 1986.

[25] Fujita, Y., Tamura, T. Enlargement of Breaches in Flood Levees on Alluvial plains[J]. Natural Disaster Science, 1987, Vol. 9 (1): 37 - 60.

[26] Singh, V.P., Quiroga, C.A. A Dam-Breach Erosion Model: 1. Formulation[J]. Water Resources Management, 1987, Vol. 1: 177 - 197.

[27] Singh, V.P., Scarlatos, P.D. Breach Erosion of Earth-Fill Dams and Flood Routing(BEED) Model, Environmental Laboratory, US Army Corps of Engineers, 1989.

[28] Fread, D.L. BREACH: An erosion model for earthen dam failures (Model description and user

manual), NOAA, Silver Spring, Maryland, USA. Service, N. W. See, 1988.

[29] Fread, D.L. The NWS DAMBRK Model: theoretical and background/user documentation, National Weather Service. National Weather Service, S. S., MA. See, 1988.

[30] Giuseppeti, G., Molinaro, P. A mathematical model of the erosion of an embankment dam by overtopping, International symposium on the analytical evaluation of dam related safety problems, Copenhagen, Denmark, 1989: 329 - 341.

[31] Havnø, K., Van Kalken, T., Olesen, K. A modelling package for dam break simulation. International Symposium on analytical evaluation of dam related safety problems, Copenhagen, Denmark, 1989: 387 - 397.

[32] Bechteler, W., Broich, K. Effects in dambreak modelling, Congress of the International Association of Hydraulic Research (IAHR), Madrid, Spain, 1991: 189 - 200.

[33] Tingsanchali, T., Chinnarasri, C. Experimental verification of a dam breaching numerical model due to flow overtopping, Waterpower XIV, 2005.

[34]NRCS. Earth spillway erosion model. National Engineering Handbook, Part 628 Dams, 1997, 51: 1 - 10.

[35] Coleman, S.E., Andrews, D. Embankment Failure Due to Overtopping Flow, Foundation for Research, Science and Technology. 1998.

[36] Coleman, S.E., Andrews, D., G, W.M. Overtopping breaching of non cohesive embankment dams[J]. Journal of Hydraulic Engineering, ASCE, 2002, 128 (9), pp. 10.

[37] Loukola, E. and Huokuna, M. A Numerical Erosion Model for Embankment Dams Failure and Its Use for Risk Assessment, In: Morris, M. ed. CADAM-Concerted Action on Dambreak Modelling: 2nd project workshop (Munich), Munich, Germany1998.

[38] Visser, P.J. Breach Growth in Sand-Dikes (Communication on Hydraulic and Geotechnical Engineering), TU Delft, Report No. 98-1. TU Delft, Delft, The Netherlands.Technology, 1998.

[39] Visser, P.J. Breach growth in sand dikes[D]. Delft University of Technology, Delft, The Netherlands. PhD. 1998.

[40] Broich, K. Mathematical Modelling Of Dam-Break Erosion Caused By Overtopping, In: Morris, M. ed. CADAM-Concerted Action on Dambreak Modelling: 2nd project workshop (Munich), Munich, Germany1998.

[41] Paquier, A., Nogues, P., Herledan, R. Model of Piping in order to Compute Dambreak Wave, In: Morris, M. ed. CADAM-Concerted action on dambreak modelling (Munich Meeting), Munich, Germany1998.

[42] Hassan, M.A.A.M., Samuels, P.G., Morris, M.W., Ghataora, G.S. A new methodology to model the breaching of non-cohesive homogeneous embankments, In: Morris, M. ed.

CADAM-Concerted Action on Dambreak Modelling: 4th project workshop (Zaragoza), Zaragoza, Spain 1999: 289 - 308.

[43] Mohamed, M.A.A. Embankment breach formation and modelling methods, The Open University, England, 2002.

[44] Peviani, M.A. Simulation of earth-dams breaking processes by means of a morphological numerical model, CADAM-Concerted Action on Dambreak Modelling: 4th Project Workshop (Zaragoza), Zaragoza, Spain, 1999: 381 - 397.

[45] Macchione, F., Rino, A. Prediction capabilities of a simplified dam breach model, CADAM - Concerted Action on Dambreak Modelling: 3rd Project Workshop (Milan), 1998.

[46] Riha, J., Danacek, J. Mathematical modelling of earth dam breach due to overtopping, Journal of Hydrology and Hydromechanics (Slovakia), 2000, Vol. 48: 165 - 179.

[47] Tingsanchali, T., Chinnarasri, C. Numerical modelling of dam failure due to flow Overtopping[J]. Hydrological Sciences Journal, 2001, Vol. 46 (1): 113 - 130.

[48] Froehlich, D.C., Tufail, M. Evaluation and use of embankment dam breach parameters and their uncertainties, Association of State Dam Safety Officials (ASDSO) Conference 2004, Phoenix, Arizona, USA, September 2004, 2004.

[49] Rozov, A.L. Modeling of washout of dams[J]. Journal of Hydraulics Research, 2003: Vol. 41(6): 13.

[50] Kraus, N.J. Analytical model of incipient breaching of coastal barriers[J]. Coastal Engineering Journal, JSCE, 2003, Vol. 45 (4): 511 - 531.

[51] Marche, C. and Fuamba, M. Observation and prediction of a breach in a submerged dyke[J]. Canadian Journal of Civil Engineering, 2002, Vol. 29 (6): 875 - 884.

[52] Hanson, G.J., Temple, D.M., Morris, M.W., Hassan, M.A.A.M. Simplified breach analysis model for homogeneous embankments: Part II, Parameter inputs and variable scale model comparisons, 25th Annual USSD Conference, Salt Lake City, Utah, USA, 6 - 10 June, 2005.

[53] Temple, D.M., Hanson, G.J., Neilsen, M.L., Cook, K.R. Simplified breach analysis model for homogeneous embankments: Part 1, Background and model components, 25th Annual USSD Conference, Salt Lake City, Utah, USA, 6 - 10 June 2005, 2005.

[54] Wang, Z. and Bowles, D.S. Dam breach simulations with multiple breach locationsunder wind and wave actions[J]. Advances in Water Resources, 2006, Vol. 29: 1222 - 1237.

[55] Wang, Z. and Bowles, D.S. Overtopping breaches for a long dam estimated using a three-dimensional model, 26th Annual United States Society on Dams Conference, San Antonio,Texas, USA, 1 - 5 May 2006.

[56] Wang, Z. and Bowles, D.S. Three-dimensional non-cohesive earthen dam breach model.Part 2:

Validation and application[J]. Advances in Water Resources, 2006, Vol. 29: 1490 - 1503.121.

[57] Zhu, Y. Breach growth in clay dikes, Delft University of Technology[D]. Delft, The Netherlands. 2006.

[58] Morris, M.W. Breaching of earth embankments and dams[D]. The Open University, England. 2009.

[59] Morris, M.W., Kortenhaus, A., Visser, P.J. Modelling breach initiation and growth, 2009 FLOODsite Report T06-08-02. FLOODsite.

[60] 郭军. 欧美国家近期溃坝研究及发展动向[J]. 中国水利，2005(4): 23 - 29.

[61] 谢任之. 波坝坝址流量讨算[J]. 水利水运科学研究，1982(l).

[62] 谭维炎. 浅水动力学的回顾和当代前沿问题[J]. 水科学进展，1999 , 10 (3): 296 - 303.

[63] 张修忠，王光谦，金生. 浅水方程数值计算方法的研究[J]. 水科学进展，2003, 14(4): 417-423.

[64] 潘存鸿，林炳尧，毛献忠. 一维浅水流动方程的 Godunov 格式求解[J]. 水科学进展，2003, 14(4) : 430 - 436.

[65] 潘存鸿，林炳尧，毛献忠. 求解二维浅水流动方程的 Godunov 格式[J]. 水动力学研究与进展，2003 , 18 (1) : 16 - 23.

[66] 潘存鸿. 三角形网格下求解二维浅水方程的和谐 Godunov 格式[J]. 水科学进展，2007, 18 (2): 204 - 209.

[67] 梁林，倪晋仁，A.G. L Borthwick, 等. 黄河溃堤过程数学模型及其模拟方法[J]. 中国科学(E 辑), 2002, 32(5): 618 - 627.

[68] E. F. Toro, Shock-capturing methods for free-surface shallow follows [M]. Chichester, New York : John Wiley, 2001: 227 - 241.

[69] 胡四一，谭维炎. 用 TVD 格式预测溃坝洪水波的演进[J]. 水利学报，1989(7): 1 - 11.

[70] 胡四一，谭维炎. 溃坝涌波的数值模拟[J]. 水利学报，1990(6): 90 - 98.

[71] 谭维炎，胡四一. 浅水流动计算中一阶有限体积法 Osher 格式的实现[J]. 水科学进展，1994.

[72] 胡四一，谭维炎. 无结构网格上二维浅水流动的数值模拟[J]. 水科学进展，1995, 6 (1): 1 - 9.

[73] 曲红玲. 河道溃堤与溃堤波的一、二维耦合计算数值模拟[J]. 水利水运工程学报，2007(4): 49 - 54.

[74]陈建忠，史忠科. 运用半离散中心迎风格式计算二维浅水方程的研究[J]. 水科学进展，2005 , 16 (6).

[75] 魏文礼，郭永涛. 基于加权本质无振荡格式的二维溃坝水流数值模拟[J]. 水利学报，2007, 38(5): 596 - 600.

[76] 郭永涛，魏文礼. 基于 ENO 格式的一维溃坝水流数值模拟[J].西安理工大学学报，2005(3): 293 - 295.

[77] 张大伟，张超，王兴奎. 具有实际地形的溃堤水流数值模拟[J]. 2007, 47(12): 2127 - 2130.

[78] ZHOU Di-hua , SHEN HW, LAI Jihnsung, et al .Approximate Ruemann Solvers in FVMfor 2D hydraulic shock ware modeling[J] . Journal ofHydraulic Engineering, 1996 , 122 (2) :692 - 702.

[79] 王船海，李光炽. 流域洪水模拟[J]. 水利学报，1996 (3): 44 - 50.

[80] PAUL KAMRATH, MARKUS DISSE, MATTHIAS HAMMER, et. Assessment of Discharge through a Dike Breach and Simulation of Flood Wave Propagation[J]. Natural Hazards, 2006, 38: 63 - 78.

[81] 黄金池，何晓燕. 溃坝洪水的统一二维数学模型[J].水力学报，2006(2): 222 - 226.

[82] P. J . Visser, 朱永辉. 无粘性土堤的溃堤模型[J]. 长江科学院院报，2003, 20(3): 35 - 38.

[83] 张建国，王乘，徐学军. 唐家山堰塞湖溃口流量数值模拟[J]. 人民长江，2009,40(22):60- 62.

[84] 王立辉. 溃坝水流数值模拟与溃坝风险分析研究[D]. 南京：南京水利科学研究院，2006.

[85] 河南省水利厅编. 河南"75.8"特大洪水灾害[M]. 郑州：黄河水利出版社，2005.

[86]黄金池，何晓燕，张葆蔚. 土石坝溃口流量计算模型的比较研究[J]. 中国防汛抗旱，2007(12): 8 - 12.

[87] 余明辉，张小峰. 平面二维溃堤水流泥沙数值模拟[J]. 水科学进展，2001,12(3): 286 - 290.

[88] FREAD D L. A Breach Erosion Model for Earthen Dams[R]. Silver Spring: National Weather Service (NWS) Report, NOAA, 1984.

[89] A. 穆罕默德. 大坝溃口形成预测精度的改进[J]. 水利水电快报，2007, 28 (7): 21 - 25.

[90] RALSTON D C. Mechanics of embankment erosion during overflow[A]. Proc. 1987 ASCE National Conf Hydraulic Engineering [C]. Williamsburg: Virginia, 1987.

[91] WAHL TL. Prediction of embankment dam breach parameters: A literature review and needs assessment [R]. Denver: Bureau of Reclamation, 1998.

[92] HANSON GJ, TEMPLE D M, COOK KR. Dam over topping resistance and breach processes research [A]//Proc. 1999 Annual Conf Association of State Dam Safety Officials[C]. St Louis: Unoted States Committee on Large Dams, 1999.

[93] ROBINSON KM, HANSON GJ. Head cut erosion research[A]//Proc. 7th Federal Interagency Sedimentation Conf[C]. Reno: U S Subcommittee on Sedimentation, 2001.

[94] HAHN W, HANSON GJ, COOK K R. Breach morphology observations of embankment overtopping tests[A]//Proc. 2000 Joint Conf on Water Resources Engineering and Water Resources Planning and Management[C]. Minneapolis: ASCE Publication, 2000.

[95]陈生水，钟启明，陶建基. 土石坝溃决模拟及水流计算研究进展[J]. 水科学进展，2008, 19(6): 903 – 910.

[96] 许振良. 一个非均质流水力坡度解析的新模型[J]. 泥沙研究，2000 (1): 56 - 64.

[97] 邓安军，郭庆超，陈建国. 挟沙水流综合糙率系数的研究[J]. 泥沙研究，2007(5): 24 - 29.

[98] 张耀新，吴卫民. 剖面二维非恒定悬移质泥沙扩散方程的数值方法[J]. 泥沙研究，1999 (2): 40 - 45.

[99]E. F. Toro, Shock-capturing methods for free-surface shallow follows[M]. Chichester, New York : John Wiley, 2001.

[100] Harten A. High resolution schemes for hyperbolic conservation laws[J]. Journal of Computional physics, 1983, 49: 357 – 393.

[101] Harten A, Engquist B, Osher S and Chakravathy R. Uniformly high order accurate essentially non-oscillatory schemes, Ⅲ, [J].Journal of computational physics,1987,71: 231 - 303.

[102] Liu X-D,Osher S. Convex ENO high order multi-dimensional schemes without field by field decomposition or staggered grids[J]. Journal of computational physics, 1998, 142: 304 - 338.

[103] Lacey G. Stable channels in alluvium [A]// Proceedings of the Institution of Civil Engineers. London: William Clowes and Sons Ltd., 1930, 229: 259 - 292.

[104] Huang HQ and Warner RF. The multivariate controls of hydraulic geometry: a causal investigation in terms of boundary shear distribution [J]. Earth Surfaces Processes and Landforms, 1995, 20: 115 - 130.

[105] Huang HQ and Nanson GC. On a multivariate model of channel geometry[C]. Proceedings of the XXVIth Congress of the International Association for Hydraulic Research. London: Thomas Telford, 1995, 1: 510 - 515.

[106] Huang HQ and Nanson GC. Vegetation and channel variation: a case study of four small streams in southeastern Australia [J]. Geomorphology, 1997, 18: 237 - 249.

[107] Huang HQ and Nanson GC. The influence of bank strength on channel geometry [J]. Earth Surface Processes and Landforms, 1998, 23: 865 - 876.

[108] Julien PY and Wargadalam J. Alluvial channel geometry: theory and applications [J]. Journal of Hydraulic Engineering ASCE, 1995, 121: 312 - 325.

[109] Huang HQ. Discussion: 'Alluvial channel geometry: theory and applications' by Julien and Wargadalam [J]. Journal of Hydraulic Engineering ASCE, 1996, 122: 750 - 751.

[110] Leopold LB and Maddock T Jr. The hydraulic geometry of stream channels and some physiographic implications [C] //US Geological Survey Professional Paper 252. Washington, D. C.: 1953, 1 - 57.

[111] C.T.阿尔图宁，и.A布佐诺夫. 河道的防洪建筑物[M]. 北京：水利出版社，1957.

[112] 赵文林. 黄河水利科学技术丛书.黄河泥沙[M]. 郑州：黄河水利出版社，1996.

[113] 王国兵，于为信，等. 河床形态的试验研究[R]. 南京：南京水利科学研究院河港所，1994.

[114] 张春满，刘沛清，卜海磊. 多沙水库非恒定水沙动床数学模型研究[J]. 灌溉排水学报，2009, (28)4: 96 - 99.

[115] 张红武，江恩惠，白咏梅，等. 黄河高含沙洪水模型的相似律[M]. 郑州：河南科学技术出版社，1994.

[116] Lane E W. Design of stable channels. Transaction of ASCE, 120, paper No.2776, 1234 - 1260.

[117] 梁志勇，尹学良. 冲积河流河床横向变形的初步数学模拟[J]. 泥沙研究，1991(4): 76 - 81.

[118] 周建军，等. 平面二维泥沙数学模型的研究及应用[J]. 水利学报，1993(11): 10 - 19.

[119] 俞俊. 平原河流河相公式的探求与应用[J]. 人民长江，1982 (3): 61 - 67.

[120] Великанов, М.А., РусловойПродесс[M]. москва, 1958.

[121] Schumm, S A. River adjustment to altered hydrologic regime murumbidgee river and paleochannels australia[J]. U. S. Geol. Survey, Prof. Paper 1968, 598: 65.

[122] 许炯心. 边界条件对水库下游河床演变的影响——以汉江丹江口水库下游河道为例[J]. 地理研究，1983,2(4): 60 - 71.

[123] Leopold LB, Langbein WB. The Concept of Entropy in Landscape Evolution, US Geological Survey Professional Paper, 1962.

[124] Yang CT. On river meanders[J]. Journal of Hydrology, 1971,13: 231 - 253.

[125] Yang CT. Unit stream power and sediment transport[J]. Journal of the Hydraulics Division, 1972, 98: 1805 - 1826.

[126] Yang CT. Minimum unit stream power and fluvial hydraulics. Journal of the Hydraulics Division, 1976, 102: 919 - 934.

[127] Yang CT. Energy dissipation rate approach in river mechanics. In Sediment Transport in Gravel-Bed Rivers, Thorne CR, Bathurst JC, Hey RD (eds). Wiley: New York; 1987.

[128] Yang CT, Song CCS. Theory of minimum rate of energy dissipation. Journal of the Hydraulics Division, 1979, 105: 769 - 784.

[129] Yang CT, Song CCS, Woldenberg MJ. Hydraulic geometry and minimum rate of energy dissipation[J]. Water Resources Research, 1981, 17:1014 - 1018.

[130] Pickup G. Adjustment of stream-channel shape to hydrologic regime[J]. Journal of Hydrology, 1976, 30: 365 - 373.

[131] Kirkby MJ. Maximum sediment transporting efficiency as a criterion for alluvial channels. In River Channel Changes, Gregory KJ(ed.). Wiley: New York; 1977, 450 - 467.

[132] White WR, Bettess R, Paris E. 1982. Analytical approach to river regime. Journal of the Hydraulics Division, ASCE 108: 1179 - 1193.

[133] Wang SQ, White WR, Bettess R. 1986. A rational approach to river regime. Proceedings of the Third International Conference on River Sedimentation. Jackson, Mississipp; 167 - 176.

[134]Davis, T. R., and Sutherland, A. J. Resistance to flow past deformable boundaries[J]. Earth Surf. Processes Landforms, 1980, Vol.5: 175 - 179.

[135] Davis, T. R., and Sutherland, A. J. Extremal hypotheses for river behavior[J]. Water Resour. Res., 1983, Vol.19: 141 - 148.

[136] Yalin, M. S., and Silva, A. M. F. Regime channels in cohesionless alluvium[J]. J. Hydraul. Res., 1999, Vol. 37, 725 - 742.

[137] Yalin, M. S., and Silva, A. M. F. Computation of regime channel characteristics on thermodynamics basis[J]. J. Hydraul. Res., 2000, Vol.38, 57 - 64.

[138] 窦国仁. 平原冲积河流及潮汐河口的河床演变[J]. 水利学报，1964(2): 1 - 13.

[139] ASCE task committee on hydraulics, bank mechanics and modeling of riverbank width adjustment. River width adjustment.II:modeling. ASCE, Journal of Hydraulic Engineering, 1998, 124(9): 903 - 918.

第 2 章　堤防溃决机理及过程

堤防溃决机理是研究和采用数学模型模拟堤防溃决过程的基础。本章从堤防溃决的形式入手着重探讨漫顶冲刷、河道水流冲刷和管涌三种最主要的堤防破坏形式的溃决机理，分析比较各种溃堤模式溃决过程的异同点，以及影响堤防溃决过程的各种主要因素。最后分析溃堤洪水过程及其估算方法。

2.1　堤防主要溃决模式分析

堤防的水力破坏模式常见有漫顶破坏失事、河道水流冲刷、渗透破坏失事和人工扒堤四种[1]。

2.1.1　堤防漫顶破坏

超标准洪水、堤防本身未达到设计标准、河道严重淤积、河道上有人为建筑物阻水或盲目围垦、防浪墙高度不够、河势变化等都是诱发河道水流漫顶冲刷发生的几种主要原因[2]。这几种情况在很多河流上尤其是我国大江大河的中下游干支流堤防中都是存在的，在一些圩堤中表现更为突出。水流漫顶极易引起堤防决口失事。

2.1.2　河道水流冲刷

河道水流主要通过冲刷堤坡、淘刷堤脚和漫顶冲刷导致堤防溃决。河道平面形态一般表现为曲折蜿蜒型，尤其是在江河中下游地区，河道水流侵蚀作用主要表现为由横向环流引起的凹岸冲刷和相应的凸岸沉积。在洪水期，由于水流流量较大，水流的顶冲侵蚀作用尤其显著。凹岸冲刷常引起凹岸堤防崩塌甚至决口，造成的险情和危害较为常见。

（1）迎水侧堤脚淘刷。河道水流作用于堤脚处造成土体流失淘空坡脚的现象称为堤脚淘刷，堤脚淘刷是诱发崩岸造成堤防决口的主要原因之一。对自然河岸而言，尤其是常见的二元结构河岸，上部土体为抗冲强度较高的黏土，而坡脚处是较为松散的砂土，从而容易造成水流淘空堤脚而引起河岸坍塌堤防溃决失事。据统计[3]日本的决堤事故中，由于水力冲刷侵蚀所引起的事例约占 10%；黄河决堤的记载中，由于水力冲刷侵蚀所引起的事例同样在 10%左右[4]。

（2）迎水侧堤坡冲刷。引起堤防迎水侧堤坡发生水流冲刷的情况主要有以下几种：①河道拐弯时凹岸一侧形成的水流顶冲部位直接遭受水流冲刷，易引起岸线崩塌后退导致堤防最终溃决；②蜿蜒型河道中的弯道处由于离心力作用所产生的横向环流对凹岸迎水侧堤坡产生冲刷；③在河段护岸不连续的部位或河床组成物变化较大的部位，由于冲刷的非平衡状态而出现局部严重的冲刷而造成堤坡土体的流失不利于堤防稳定。特别是堤坡下部的土体冲刷流失，更容易导致堤防崩塌溃决。

2.1.3　渗流作用

堤防在汛期高水位运行情况下，由于堤身有张裂隙或张裂缝，在堤基和堤身部位均可发生较为严重渗流。堤基和堤身不良土质条件以及堤防内外巨大的水压力差是产生堤防渗流侵蚀的必要条件。汛期大多数溃堤险情在发生灾变前都属于渗流问题或渗透变形问题。渗流侵蚀形式主要有管涌、堤坡散浸冲刷、接触冲刷和接触流土、漏洞、生物潜蚀洞渗流破坏[5]。

（1）管涌。堤防管涌是堤身或堤基土体在一定的水压力所产生的渗流作用下，细颗粒泥沙从较大颗粒的孔眼或间隙发生移动或被带走的现象，从而造成冲刷通道不断坍塌、扩大，渗流最终形成鼓水涌沙而无法控制导致堤防失稳溃决。

（2）堤坡散浸冲刷。渗流从堤坡上逸出产生渗水的现象称为散浸。发生散浸的原因主要是河道中持续高水位时间较长、堤身厚度不足、堤身填土渗透性较强且临水一侧又无防渗保护层等。在渗流逸出部位如果土质松散则极易产生堤坡散浸冲刷从而危及到大堤的安全。

（3）有穿堤建筑物的堤身部位的接触冲刷和接触流土。接触冲刷是指渗流沿着两种不同固体材料的接触面产生的破坏。接触流土是不同材料直接接触部位的固体颗粒从渗流出口被水流带走的现象。由于穿堤建筑物的材料与堤防本身材料的差异，接触冲刷和接触流土是由渗流引起的主要侵蚀形式。穿堤建筑物的渗流破坏多是沿堤身与穿堤建筑物的接触面产生的。接触冲刷产生后先是接触部位颗粒从渗流出口被带走，进而形成渗流通道淘刷堤防内部，引起堤防溃决。

（4）漏洞。在堤内外水位差的作用下，水压击穿并连通已有的裂隙，在堤防中出现横贯堤身或堤基的流水孔洞，称为漏洞。漏洞是最常见也是最危险的险情之一。根据漏洞出水是否带出泥沙将漏洞分为清水漏洞和浑水漏洞。清水漏洞多数是由于散浸冲刷通道集中所形成的；浑水漏洞部分是由清水漏洞演化发展而来的，有的是因为堤防内由于地震或质量等原因自身存在裂隙，被水流直接贯通所致。

（5）生物潜蚀洞渗流破坏。生物潜蚀是由于某些生物为栖身生存而在堤身内构筑巢穴，如鼠洞、蛇洞、獾穴、白蚁穴等，在汛期高水位情况下，生物潜蚀洞有可能被水流冲穿，成为堤身渗流的良好通道，从而使堤身出现漏洞、跌窝、管涌等险情，若未及时发现处理易造成堤防冲刷溃决。

2.1.4　人工扒堤

人工扒堤属于人为行为。当河道来流量过大导致水位急剧上升时，为保证全流域防洪安全，需人为对行蓄洪区堤防开口，因此对于行蓄洪区堤防工程来说人工扒堤是造成堤防溃决的主要原因之一。

另外还有凌汛洪水以及风力-水力侵蚀等造成的堤防失稳溃决。但是这两种原因所造成的堤防溃决并不具有普遍性，如凌汛洪水主要发生在黄河上，因此不是堤防溃决的主要模式。

2.2　堤防溃决的侵蚀机理

堤防溃决过程是一个涉及水力学、泥沙动力学、土力学和边坡稳定理论等学科的综合过程，是水流和土体两种物质相互作用的过程。堤防溃决的机理是：河道中水流由于一定的原因（水位过高、堤身渗漏等）通过堤身溃口泄出（漫顶或者渗流），通过水流冲刷和土体坍塌导致溃口的产生和不断扩大。溃口在横向、垂向同时发展变化，随着冲刷的进行，由于斜坡失去稳定性导致的坍塌而引起堤防顶部溃口逐渐扩大，通过溃口的流量也随之增加，进一步加剧溃口的冲刷。这一过程将持续到河道水流放空或者堤内外水位基本持平，通过溃口的流速减小，堤身能抵抗得住水流的进一步冲刷为止。溃口的发展历时和最终形态主要取决于水流的冲刷能力和堤防抗冲性能的对比，与堤身形式、筑坝材料的类型、材料的密实程度及河道内水流流速，水位和持续时间等紧密相关。

不同溃决方式的溃决过程和侵蚀机理不尽相同，虽然主要的溃决方式有漫顶破坏失事、河道水流冲刷、渗透破坏失事和人工扒堤四种，但事实上人工扒堤从侵蚀机理来说应属于漫顶侵蚀破坏。因此侵蚀破坏过程大致可以分为三种：漫顶侵蚀、河道水流冲刷侵蚀和渗流侵蚀。这三种侵蚀破坏过程具有各自的侵蚀破坏机理。

2.2.1　漫顶侵蚀溃堤机理

堤防的漫顶溃决根据水流的不同流态和堤身被侵蚀程度可分为三个区域[6]，如图 2.1 所示。

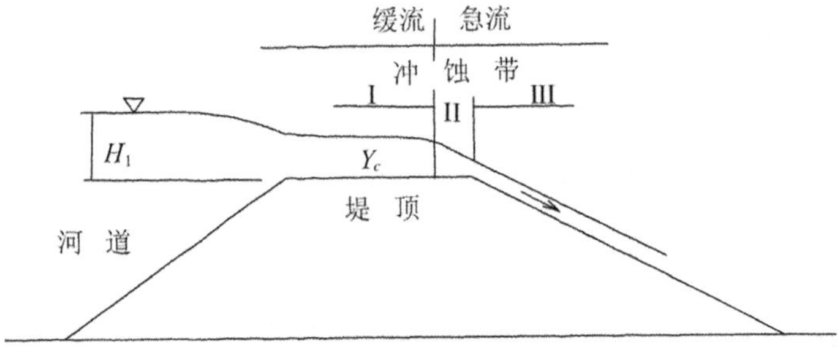

图 2.1　水力及冲蚀带分区

冲蚀带Ⅰ，此区域位于堤顶上方偏于河道一侧，水面坡降平缓，流速相对较小，相应的水流切应力也较小，只有极易冲刷的材料所筑成的堤防才会受到冲蚀。

冲蚀带Ⅱ，位于堤顶上方靠近堤内一侧，为缓流到急流的过渡带，此区域流速从接近临界流速的缓流过渡到超过临界流速的急流。与冲蚀带Ⅰ相比，尽管此蚀带水深变化不大，但水面坡降有较明显的增大，拖曳力也显著增大。在该区堤顶的某些裂隙处，侵蚀时有可能发生，冲蚀一般发生在堤顶下游边缘。

冲蚀带Ⅲ位于堤防下游表面，此区域底坡远大于前两个冲蚀带，因此水流流速急剧增大，水流由临界流转化为急流，水流紊动加剧，水流切应力也随之急剧增大，甚至产生掺气、空蚀等现象。因此侵蚀一般从此区域开始向溃口上游逐渐形成溯源冲刷。最初的侵蚀在冲蚀带Ⅲ的任何地方都有可能出现，但最有可能出现的是在溃口下游堤脚附近。一旦侵蚀开始，随着冲刷小坑向上游发展，同时不断扩宽，在水流作用下，侵蚀逐渐向上游发展直到堤顶上游边缘，此后冲刷的进一步发展将会使堤顶高程降低而形成溃口，溃口流量随该处堤顶降低而增加，并进一步促进溃口的冲深和展宽，如此循环直到堤身整体溃决。

堤防漫顶溃决的发生和发展是一个复杂的水-土动力学过程，以上所述为堤防漫顶溃决的简单概括。不同的堤防由于筑堤材料的差异，其溃口的发生和发展过程具有较大的差异性。按照筑堤材料之间的结合力的大小可分为非黏性材料和黏性材料，这两种材料堤防的溃决过程具有各自明显的特征和代表性。大量的试验表明，非黏性堤防的溃决过程以漫顶冲刷侵蚀后退为主，而黏性堤防的溃决过程则以“陡坎”冲刷模式为主。两种冲刷均表现为侵蚀后退，只是侵蚀的速率和侵蚀面存在差别，因此溃口发展的转折点在于，当侵蚀面后退至溃口上游面时，进一步的冲刷将使溃口流量急剧增大，此后溃口将发生急剧的冲深和展宽。

1．非黏性土堤防的展宽过程

非黏性土堤防的溃决过程具有一定的代表性，许多学者也都通过试验得到了相似的结论。金家麟将冲蚀带分为三部分，分析每部分的水流运动状况，得出冲刷始于溃口下游，并向上游发展[6]。黄金池也通过水槽试验等手段研究了溃口的溯源冲刷现象[7]，其中以 Visser 等[8-9]提出的溃口展宽模型最为细致具有一定的代表性。模型中首先假定堤身主体由无黏性土（沙）筑成，堤表黏土层对溃口发展无影响且堤防中不存在心墙等建筑物。在初始时刻假定堤防表面存在一个初始的冲槽，溃堤过程从水流流过堤顶处的初始溃口（冲槽）开始($t = t_0$)，整个溃口的冲刷展宽过程分为 5 个阶段，见图 2.2 。第一至第三阶段($t_0 \leqslant t \leqslant t_3$)，此时漫顶水流过程较为稳定，流量变化不大。由于漫顶水流的冲刷，溃口表面以一定的角度侵蚀后退为主，溃口不断向后侵蚀堤身。其中在第一阶段，溃口处堤内坡的坡角由初始值β_0不断发展至某一临界值β_1 ($t = t_1$)，此后即保持为这一角度。至第二阶段末($t = t_2$) 溃口发展到堤顶的上游边缘，之后溃口的继续发展将导致溃口底部高程的降低和溃堤水流的迅速增加。到 $t = t_3$ 时溃口向上发展至临水面，堤身被洪水全部冲走，溃口处水流流量急剧增大，因此这一时刻也是溃口发展的转折点所在。第四阶段开始，溃堤水流由急流逐渐变成临界流，溃口的发展在冲深的同时伴有较为剧烈的横向扩宽。从 $t = t_4$ 开始，堤内不断上涨的水位开始影响溃堤水流，溃口处流量逐渐减小并开始趋于稳定，直到 $t = t_5$ 溃堤水流流速减至足够小（筑堤材料的起动流速），冲刷结束，溃口发展停止，但此时仍有水流流入坑内且流量较为平稳。

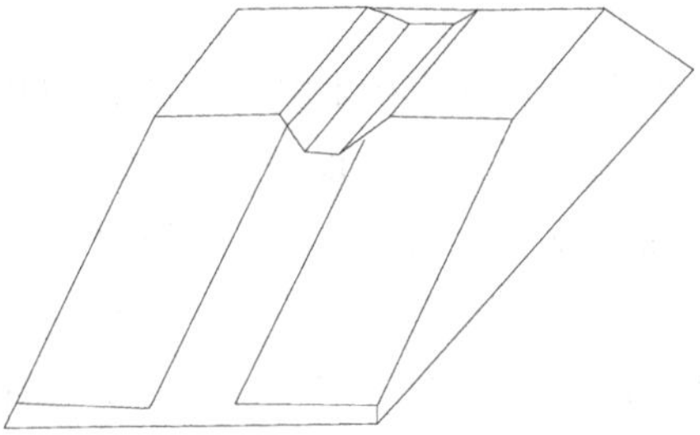

（a）$t=t_0$

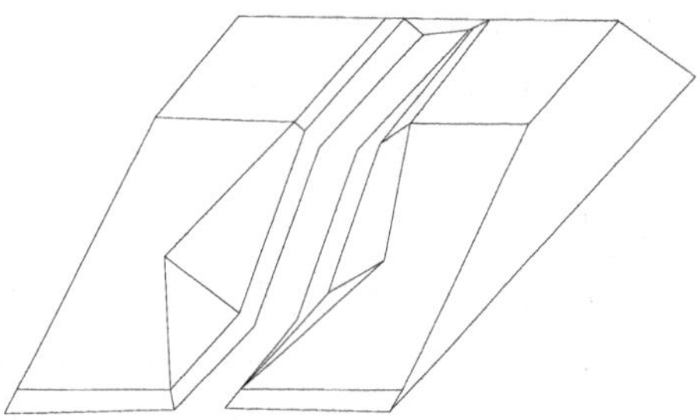

（b）$t=t_1$

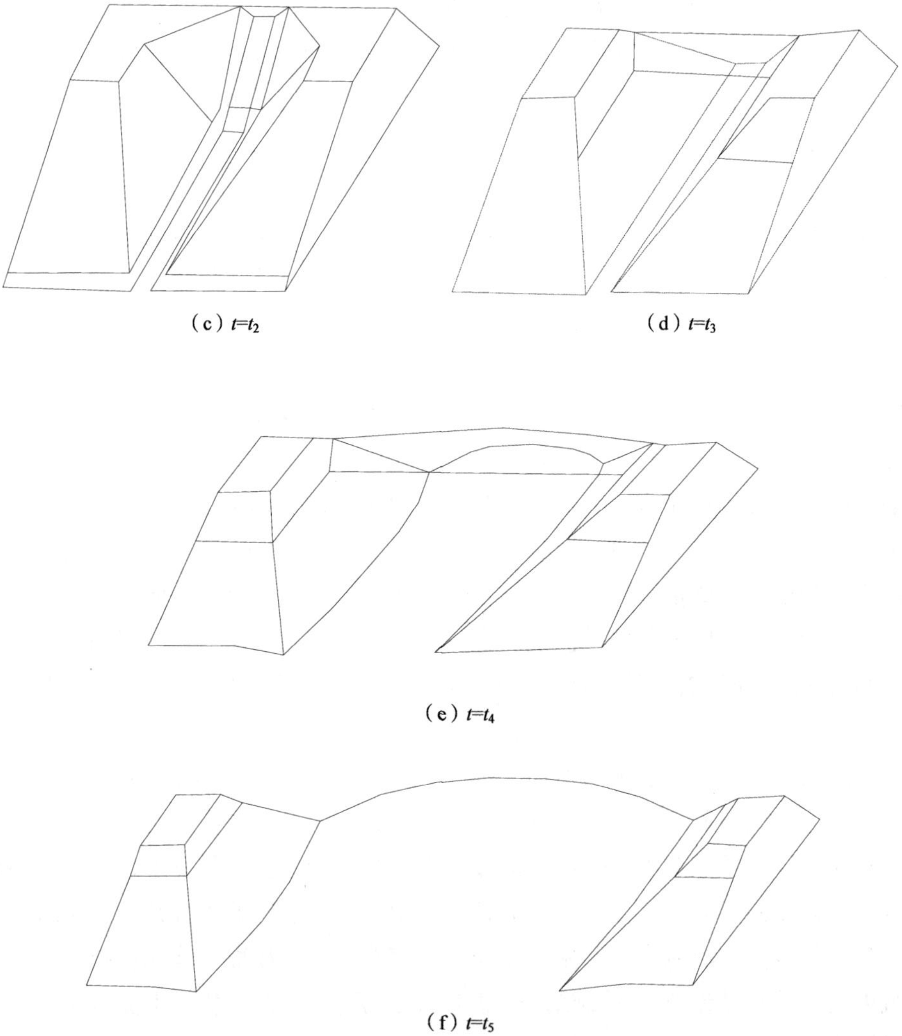

（c）$t=t_2$　　（d）$t=t_3$

（e）$t=t_4$

（f）$t=t_5$

图 2.2　非黏性土堤防溃口发展过程

2．黏性土堤防的展宽过程

近来一些学者在进行了大量溃堤实验和分析整理已有溃堤实测资料的基础上，试图运用陡坎冲刷模式（Headcut Erosion）解释黏性土堤防溃决的机理。陡坎（Headcut）是指由于地面高程的突降，形成类似于瀑布状的水流形态。陡坎冲刷模型可以较为合理的描述黏性土堤防的溃决过程。当漫顶水流流过堤防的下游坡面初期，由于水流的强烈冲蚀以及堤身材料的不均匀性，微小的陡坎开始在堤脚附近有裂隙处形成，坡面水流流过陡坎时，水流向下冲击地面并产生反向漩涡，漩涡在陡坎的垂直或近似垂直的跌水面上产生剪应力，所产生的纵向冲刷会淘空跌水面的基础，使跌水面失稳而坍塌，从而形成更大的陡坎并使冲刷继续向上游发展。有时还会在堤坝的下游坡面上形成一系列呈阶梯状的陡坎，小的陡坎逐渐向上游发展且合并为较大的陡坎，这样陡坎不断向上游扩大发展直到堤防溃决。

黏性土堤防比非黏性土堤防的抗冲蚀能力强。由于其透水性低，在下游边坡无渗流逸出，冲蚀开始于下游坝趾，这种主要是由水流紊动引起的冲蚀进一步向上游发展。当边坡很陡时，由于张力和剪力引起大块材料倒坍，从而形成陡坎。黏性土与非黏土堤防溃口的发展过程最大的区别在于“陡坎”冲刷模式的出现。水流冲刷堤防表面，由于溃口下游表面坡降远大于堤顶，因此冲刷首先在此位置出现。冲刷形态表现出具有随机性的小台阶，类似于多个小瀑布，称之为“陡坎”，而并非非黏性土堤防冲刷时所表现出的平行冲刷后退。初次形成的众多小陡坎随后逐渐合并，形成较大的多级台阶状陡坎，如此冲刷逐步进行并向溃口上游发展。Temple[10]等将黏性土堤防的溃决过程划分为如下四个阶段，如图 2.3 所示。

第一阶段：漫顶水流在下游坝坡形成小瀑布状冲刷，冲刷形态具有随机性。此阶段的冲刷基本上不会影响溃口的流量过程。

第二阶段：第一阶段形成的细小冲沟随着进一步的冲刷产生崩塌，并逐渐扩大合并，形成较大的阶梯状的陡坎，在陡坎尚未向上游发展至溃口上游面时，陡坎的崩塌扩大对溃口流量的变化影响不大。

第三阶段：随着陡坎的侵蚀后退，多级阶梯状陡坎扩大合并成为更大的陡坎，并发展至溃口上游面，随着陡坎侵蚀的进一步发展，此阶段末溃口上游面产生崩塌，使堤顶高程急剧降低，水流流量急剧增大，从而进一步加快了溃口的冲深和展宽过程。

第四阶段：溃口处堤防完全冲毁，水流流量急剧增大，溃口处堤防快速展宽，溃口上游水位降低，下游水位快速升高，流量从峰值开始减小直至达到较为平稳的状态，当堤防材料的抗冲能力与水流的冲刷能力相当时，冲深展宽过程停止，溃口发展过程结束。

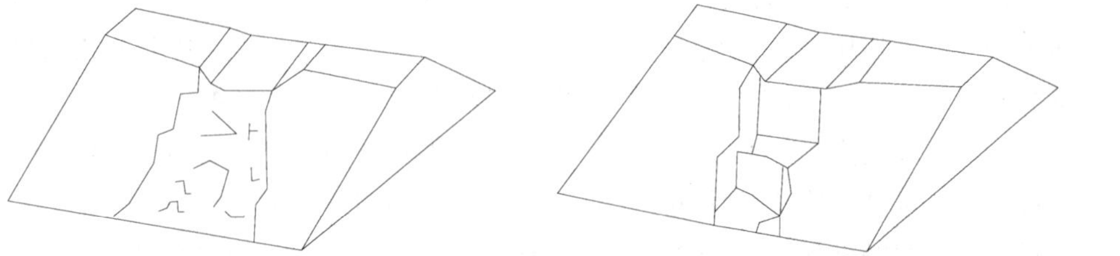

（a）第一阶段：众多瀑布状小陡坎　　　　（b）第二阶段：多级台阶状陡坎

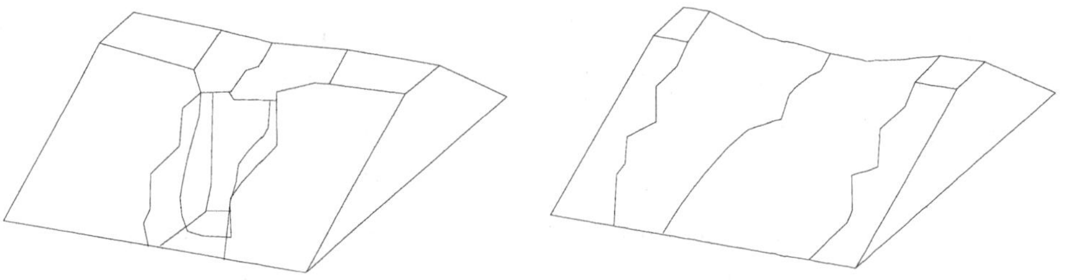

（c）第三阶段：陡坎扩大合并　　　　（d）第四阶段：溃口横向发展

图 2.3　黏性土堤防溃口发展过程

2.2.2　水流冲刷溃堤机理

河道内水流冲刷可造成河岸堤防的蚀退展宽。当展宽发展到一定程度时，则会危及到堤防的安全。影响河岸冲刷的因素比较多，从力学角度来分析，可分为以下几类：一类是促使河岸冲刷的作用力，即近岸水流的冲刷力；另一类是阻止河岸冲刷的阻力，即河岸土体的抗冲力；还有一类是河岸崩塌时涉及的土体抗剪强度，如有效内摩擦角、有效凝聚力等。

2.2.2.1　近岸水流的冲刷力

近岸水流的冲刷力，是引起河岸冲刷的主要作用力，一般可用近岸水流切应力来表示。

对于无黏性土河岸来说，近岸水流切应力，一般可用下式计算

$$\tau = \gamma h J \tag{2.1}$$

式中：γ、h、J 分别为水的容重、断面平均水深及比降[11]。

由于黏性土颗粒之间以及颗粒与水体之间的作用力较为复杂，水流对黏性泥沙的冲刷作用在定量分析方面不如非黏性泥沙成熟。随着紊流理论及其试验研究的发展，对水流的微观结构研究取得了一定的进展，同时一些学者亦将黏土矿物学黏粒微观结构研究的成果引用到黏性泥沙的冲刷研究中，从而使对黏性土的水流切应力的研究能够再前进一步。

研究表明[12]：当水流所产生的动水压力和脉动应力传递到土体孔隙中后所产生的附加孔隙水压力，使胶团或团聚体所受到的有效应力足以克服胶团或团聚体的自重及相互之间的咬合力时，黏性泥沙开始起动，因此黏性泥沙起动的主要因素是水流运动所产生的脉动应力。脉动应力有不断振动和掀起的作用，瞬间脉压可能较大。在脉动应力的作用下，胶团或团聚体间的结合会逐渐松驰，而二者之间的咬合一旦被破坏，就会浮起被水流挟带而去。目前确定脉动应力的方法有两种，一种是用传感器直接量测，另一种是通过测量脉动流速及摩阻流速来确定。

两种方法都存在一定的缺陷。尽管如此，研究水流的脉动作用对于黏性泥沙起动的影响仍然是很有意义的。

2.2.2.3 河岸土体的抗冲力

河岸土体的抗冲力，是阻止河岸冲刷的阻力，一般可用起动切应力来量化。起动切应力取决于河岸土体的泥沙粒径、级配、颗粒间电化学作用以及边坡角度等因素。天然情况下，河岸土体一般都是由上细下粗的垂向分层的二元结构所组成，因此不同高程处土体的抗冲性是不同的。从平面上看，不同地点的河漫滩沉积物也由不同性质的泥沙组成，因此平面上不同地点河岸泥沙的抗冲性也不同。由此可见，要准确确定河岸土体的起动切应力是较为困难的，目前实际中采用的多是一些经验或半经验半理论的方法。

对于非黏性河岸，抗冲力主要为泥沙颗粒的有效重力。一般情况下，可以用Shields类型的起动拖曳力公式来估算非黏性土的起动条件[11]。采用这一方法时还需要考虑河岸边坡角度、泥沙颗粒粗细及其排列疏密情况对起动的影响，且用Shields曲线计算某一粒径的起动拖曳力时，常常需要试算。Van Rijn[13]对此作了改进，建立了Shields数θ_{cr}与泥沙粒径参数D_*之间的函数关系，以便用建立起动拖曳力与θ_{cr}、河岸土体的粒径d、临界摩阻流速u_{*c}之间的函数关系。

对于黏性土而言，其颗粒极其微小，比表面积较大[14]。比表面积越大，表面能越大，重力作用相对减小。黏粒间存在着分子键、化学键，以及由于其表面带有静电荷而存在的离子静电力。离子静电力形成结合水膜[12]，结合水的吸附作用使黏粒与黏粒紧密地联系在一起,因此黏结力是黏性土抗拒水流剪切的主要因素。另外，黏性土的一些参数，如中值粒径d_{50}、不均匀系数d_{75}/d_{25}和黏性土百分含量虽不直接影响土体起动[13]，却通过影响土体内部结构，间接影响了黏性土的起动。由此可见，对于黏性土河岸，抵抗水流的侵蚀的主要作用力是靠颗粒间的黏结力。黏结力的形成与土体的形成历史有关，因此黏性土起动切应力的大小也受土体的形成历史的影响。唐存本[15]认为：对于新淤积的黏性土，泥沙颗粒间尚未全部密实，土体在起动时仍然可以按照单个泥沙颗粒来处理，不过应加上黏结力项。将重力W、拖曳力P_x、上举力P_y及黏结力P_μ统一考虑，根据颗粒开始起动时平衡条件列出力学平衡方程式，推导得到新淤黏性土的起动拖曳力公式。洪大林[14]认为：新淤积的黏性土，起动切应力与中值粒径d_{50}成反比关系。中值粒径是影响其起动的主要因素。而对于固结的黏性土而言，其起动切应力却与中值粒径d_{50}没有什么规律性的关系。

对于混合土二元结构河岸，由于非黏土较黏性土易于起动，因此水流的冲刷作用主要发生在河岸下部的非黏性土层，上部黏性土层则主要是由于下层的非黏土的冲刷而崩塌。因而，与非黏性土河岸相同，混合土二元结构河岸也依靠泥沙颗粒的有效重力来抵抗水流的侵蚀作用。

2.2.2.3　河岸土体的抗剪强度

水流冲刷不仅直接造成河岸的侵蚀，由于冲刷还可能造成河岸的崩塌展宽，这也是河岸展宽的另外一种重要的形式。因此除了水流侵蚀力与泥沙抗蚀力影响河岸冲刷外，还有河岸土体内部的抗剪强度也影响河岸变形过程。如果河岸在某一状态下不发生崩塌，那么说明作用于潜在滑动面上的重力（剪应力）不能克服河岸土体内部的剪切阻力。

土体的抗剪强度受众多因素影响。从土体本身来讲[16]，抗剪强度与土体的矿物成分、粒径、级配，结构联结及排列方式、密度、饱和度、土及水中可交换离子成分含量等都有关系。另一方面，土体的抗剪强度还与受荷条件、固结程度及土体形成历史等外界条件有关。因此，土体的抗剪强度是土体在一定条件下的力学属性。

在土力学中，通常采用库仑公式来计算砂土和黏性土土体的抗剪应力[15]：

砂土的抗剪应力：

$$\tau_f = \sigma \cdot \tan\phi \tag{2.2}$$

黏性土的抗剪应力：

$$\tau_f = c + \sigma \cdot \tan\phi \tag{2.3}$$

式中：ϕ 为土体的有效内摩擦角，(°)，$\tan\phi$ 为摩擦系数，$\tan\phi = \dfrac{F_{\max}}{N}$；$c$ 为有效凝聚力，kPa；σ 为剪切面上的法向应力。

由库仑公式可以看出，砂土的抗剪强度就是土体内部的摩擦力，主要由抵抗颗粒间剪切滑动的滑动摩擦力和土体颗粒之间的咬合力两部分组成。土体受剪切力作用而产生剪切变形时，必须首先克服咬合力才能移动。而对于黏性土来说，除了内摩擦力之外，还存在主要因颗粒间结合水联结等产生的凝聚力。对黏性含量很高或有部分胶结联结的土，凝聚力可能会很大。

促使河岸土体滑动的剪切应力 τ 可以用下式表示：

$$\tau = W \sin\beta \tag{2.4}$$

式中：W 为滑动面以上河岸土体的重量（单位面积上的）；β 为河岸破坏面与水平面之间的夹角。

按照土力学边坡稳定分析方法，河岸的稳定性系数 F_s，可以用下式表示：

$$F_S = \frac{\tau_f}{\tau} \tag{2.5}$$

计算出的安全系数 $F_S > 1$，则可认为河岸边坡是稳定的；若计算出来的安全系数 $F_S \leqslant 1$，则可认为河岸边坡是不稳定的，可能会发生崩塌。

2.2.3 管涌侵蚀溃堤机理

管涌一般都是江河处于高水位时在堤坝及其基础或岸坡中发生的。管涌的一般定义为由于土体结构或地基内部的不连续性导致土颗粒在渗流作用下迁移流失的一种现象，颗粒的流失先出现于土体表面，接着向上游逐渐扩展形成一不规则的“管道”[17]。管涌破坏被认为是地面下的腐蚀引起的一种破坏[18]。

影响管涌发生的因素有很多种，按渗流方向的不同可把它们分成两类：①向下渗流时，管涌的发生就与坝身材料的最大有效粒径、有效凝聚力、有效内摩擦角、渗透系数、饱和体积质量以及水力梯度等有关。②对于向上渗流，渗流通道主要在坝基中形成，管涌的发生将首先会受到坝基材料的影响，如与地层中土的组成成分和结构、土的渗透系数、内摩擦角、土的饱和度等因素有关[19]。总之，管涌的发生、发展以及各种因素之间的相互作用是一个多元非线性的复杂问题[20-21]。

因此，管涌发生过程的机理分析对于堤坝工程管涌的预防和治理都具有重要的理论参考价值。管涌往往从渗流中发展而来，因此首先需要探讨发生管涌的渗流机理，才能够更清楚地了解管涌的发生和发展机理和过程。

国内外大多是从研究渗流破坏的角度出发研究管涌渗透破坏问题的，土体所受的渗透力的大小与水力条件是密切相关的。Buckley 早在 1905 年就提出围堰是否发生管涌破坏只与渗径长度有关，提出蠕变系数的概念，并且首先提出了总梯度方法[22]。Bligh[23]和 Lane[24]在 Buckley 研究的基础上发展了计算模型，并建立了确定蠕变系数的经验公式，并给出经验值，对管涌的发生和发展给出了定量的解释。近年来国内有大量学者沿着这种理念在对管涌的机理进行进一步的研究和探讨。肖四喜等[25]首先分析了流沙现象可能发生的条件，认为具备下列性质的土在一定动水压力作用下，就有可能发生流沙现象：①土的颗粒组成中，黏粒含量小于 10 %，粉粒（颗粒为 0.005 ~ 0.05 mm）含量大于 75 %；②颗粒级配中，土的不均匀系数小于 5；③土的天然孔隙比大于 0.75；④土的天然含水量大于 30 %。

通过土体静力平衡条件得到水在土中渗流时对单位土体的动水压力 G_D 为

$$G_D = -\frac{h_1 - h_2}{L}\gamma_w \qquad (2.6)$$

式中：h_1、h_2分别为河道中和堤内的水位，动水压力 G_D方向与水流方向一致。当 $G_D \geqslant \gamma'_w$时（γ'_w为土的浸水容重），土颗粒失去自重，处于悬浮状态，土的抗剪强度等于零，土颗粒能随渗流的水一起流动产生流砂现象。

当大堤堤身含有大量细颗粒且颗粒为均匀松散的非黏性土层时，在长期高水位浸泡下，其土层变成饱和土，流沙所需条件基本具备，极容易产生管涌流沙现象。若此时堤外洪水继续上涨，即压力水头 H 加大。当 $H \cdot \gamma_w > h \cdot \gamma$（$\gamma_w$、$\gamma$ 分别为水和土的重度，H 和 h 分别为堤内外水头差和土体覆盖层厚度），即水的渗透作用对堤内不透水地表土层的顶托力大于地表土的重量时，产生管涌，或管涌群，冒出大量泥沙，且管径不断加大，如不及时处理则造成溃堤决口。

渗流通道中输沙量与流速的 1 ~ 3 次方成正相关。陈建生等通过研究认为管涌发生过程中各个阶段管涌周围地层中水力梯度发生变化，流线改变，地层中细颗粒在水流作用下被移动而造成渗透系数不均匀增大，渗透系数变大后，细颗粒被移动量将成倍增加，从而在水力梯度最大的地段可形成集中渗漏通道[26]。管涌产生初期涌水点附近局部区域的透水层可以看作是均质的，可以将地下水井流理论研究渗流场的方法引入管涌初期渗流场的研究之中，近似将管涌看作自流井，将堤外河流看作为半无界的定水头补给源，应用稳定流或非稳定流井流理论研究管涌初期渗流场的分布特点，采用稳定流与非稳定流的方法研究管涌初期流场的变化，其结果是一致的[27]，采用完整井与非完整井研究管涌初期的渗流场的结果也基本相同，仅仅相差一个系数[28]。

管涌产生过程中渗漏水与土体间各种力复杂的相互作用决定了管涌发展经历的时间，这是一个非线性的动态过程。管涌发生之前，堤内覆盖层下部的静水压力基本上就是堤内外水位差，由于黏土的渗透系数比透水层中的要小几个数量级，这时堤内外的水头差基本上都作用在覆盖层上，因此覆盖层承受着巨大的水压力，且这种压力随着堤内外水位差的增加而增大。当堤内外水位差达到一定值之后，覆盖层会被水压力所顶穿，在地面上形成管涌的出口，此时周围的水都集中涌向管涌处，内、外江水位的压差将基本上作用在渗径上，但由于管涌周围的流线分布与自流井接近，压差并不是均匀地分布于渗径上，而是表现为不同流线上的水力梯度是不同的，同一流线上的水力梯度也是不同的，且距离管涌点越近，其水力梯度也越大，土粒受到的渗流作用力也越大。一般研究中假设透水层在某一局部范围为均匀的多孔介质，于是管涌点临近周围的水力梯度较大，管涌点与堤防垂直方向上的水力梯度最大，从泥沙运动规律研究可知，泥沙的运动与水力梯度为正的相关关系，出沙量与流速的1～3次方呈正比，也就是说管涌发生后地层中细颗粒的移动速度是不同的，与管涌点的距离、方向都有关系。当水力梯度达到土粒运动的临界水力梯度时，将水力梯度与土粒运动的临界水力梯度相等的界面称之为临界面。

假设管涌发生处的地质构造是由黏土覆盖层、砂层和基岩所组成。在管涌发生之前，外江水位造成的静水压力主要作用在堤内黏土覆盖层顶板下，如图2.4（a）所示，*A*、*B* 两点间的压差很小，由于覆盖层黏土的渗透系数比砂层的小2个数量级以上，*B*、*C* 两点间的压差很大，上涨的江水造成的水头差基本上都作用在覆盖层的底部。当水位差上升到一定程度之后，黏土覆盖层被静水压力顶穿冲决，见图2.4（b），砂层中的水都涌向冲决口，地下水的补给情况类似于自流井，黏土覆盖层被顶穿后 *B*、*C* 两点间的压差骤然降低到很小，静水压力变成动水压力，*A*、*B* 间的压差突然增到很大，这时水头差基本都作用在渗漏路径上，当水力梯度足够大时，地层中的土粒在渗流力作用下开始运动，并在冲决口排出而形成管涌[29-30]。

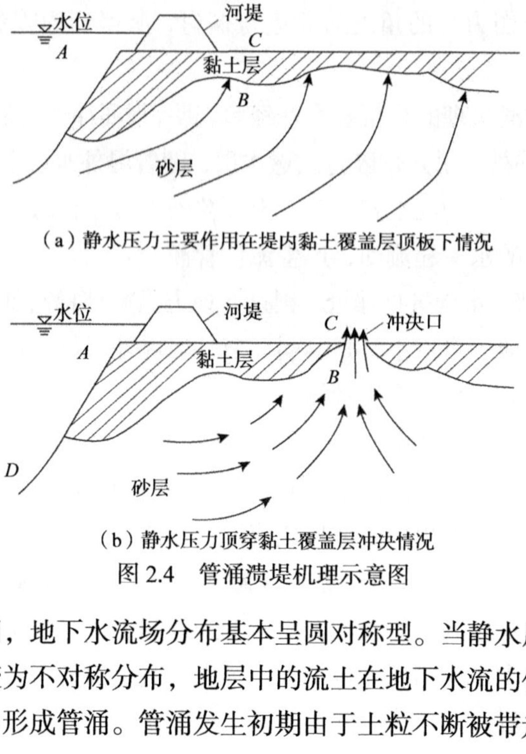

（a）静水压力主要作用在堤内黏土覆盖层顶板下情况

（b）静水压力顶穿黏土覆盖层冲决情况

图 2.4　管涌溃堤机理示意图

在决口的瞬间，地下水流场分布基本呈圆对称型。当静水压力瞬时释放后地下水的流场分布变为不对称分布，地层中的流土在地下水流的作用下向管涌处运动并在决口处涌出形成管涌。管涌发生初期由于土粒不断被带走，管涌临界面的分布范围较大，随着集中渗漏通道的形成，管涌临界面逐渐收缩，由于管涌口水头的增高，水力梯度减小而造成临界面缩小，虽然出砂范围减小了，但流量却成倍增加，造成地层局部范围被水掏空，从而引起堤防溃决。

为了更清楚的理解渗流过程中水土之间的相互作用关系，周建等[31]、姚志雄等[32]从微观的角度，采用放大倍数为 10 ~ 220 倍的体显微镜结合 CCD 摄像机和照相机进行连续自动拍摄或人工拍摄，仔细地观察了渗流管涌发生过程中水流与土体之间的相互作用过程后认为，管涌发展过程中，颗粒运动随机，颗粒位移场分布不均匀，渗漏通道形成不连续，这些特性很大程度上取决于骨架颗粒、可动颗粒和水之间的相互作用行为以及砂样内部的不均匀性，表明水土相互作用贯穿管涌发展的全过程。砂土稳定性与其级配曲线的形状和不均匀系数有关，级配曲线越宽，底部越平缓，不均匀系数越大，其潜在的不稳定性越大，颗粒的流失越厉害。颗粒流失量沿渗流方向、自下而上形成一过渡区。

张我华等[20]、薛新华等[29]认为管涌的理论研究至今还不成熟，究其原因是发生管涌的渗流机理还没有在理论上取得突破。目前国内外大多是从研究渗流破坏的角度出发研究管涌渗透破坏问题的，为更深入地研究管涌渗流发生机理，可以尝试从损伤力学的角度对此进行探讨，所得到的管涌机理与前述基本相同。

由以上对于管涌机理的分析及实践经验表明，管涌往往可能发生在以下地点：

（1）堤边水井处。水井一般打入透水层，随着堤外水位上涨，渗流加快，动水压力加大，当大于土的浸水容重时，土颗粒处于悬浮状态，土的抗剪强度等于零，土颗粒随渗流的水一起流动，产生流沙管涌。

（2）堤边水塘、水沟等低洼处。因这些地方其底部标高低于岸边较多，地表土（非透水层）较薄，自重小，是薄弱环节，当堤外水位上涨时，由于水的渗透对地表土顶托力加大，极易产生管涌。

（3）堤脚附近（堤脚为砂土）。砂土为透水层，大堤长期处于高水位浸泡，堤脚砂土变成饱和土。当堤外水位上涨时，沙土中的动水压力加大，当动水压力大于砂土的浸水容重时，产生内脱坡形成流沙、管涌。

（4）离堤脚 100 ~ 200m 范围处（堤脚为砂土）。当堤脚砂土位于堤内地面一定深度时，当大堤长期高水位浸泡，砂土变为饱和土，当水位不断升高时，由于渗流作用，则砂土中水的顶托力也加大，当大于其上部薄弱处覆盖土的重量时，则产生管涌或管涌群。

2.3 溃口发展过程

由于堤防形式以及所采用的材料的差异，关于溃口发展阶段的定义也难以统一。无论何种材料、何种形式的堤防，其溃决前后的水流过程存在一定的相似性，因此可以通过溃口处流量过程来定义溃口的发展过程，如图 2.5 所示。

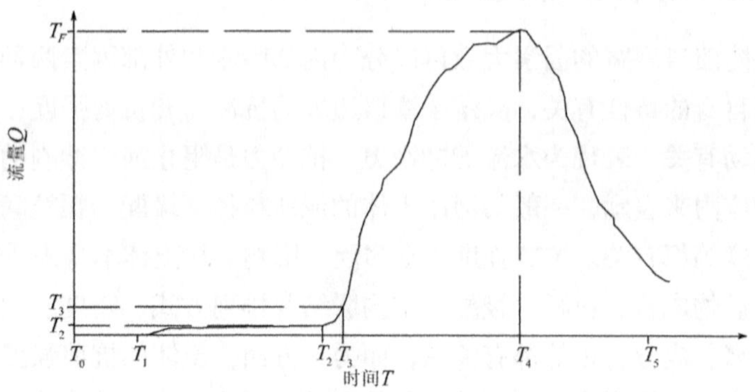

图 2.5 溃口流量发展过程

典型的溃口流量过程可以被分为如下几个过程：

（1）T_0~T_1 时间段，堤防稳定，溃口尚未出现，因此流量为 0。

（2）T_1 时刻，溃口开始出现的临界点，堤身出现渗漏或者水流漫过堤顶。此时可以通过肉眼观察、红外测定或者测定地下水温度来测定渗漏的出现和发展。这个临界点事先难以预测，且出现后也难以确定其具体出现位置，因此具有极大的不确定性。

（3）T_1~T_2 时间段，溃口流量过程缓慢扩大，但是流量仍然较小，这一阶段持续的时间很难确定，与堤防本身的属性以及河道内水流的特性具有很大的关系，可能持续数小时甚至数天。这一阶段的典型特征就是堤身已经出现较为明显的渗漏或者漫顶，可以通过肉眼观察得到，且通过堤防的水流流量较为稳定。此阶段仍然具有极大的不确定性，难以准确预测其出现的时间以及持续的过程。

（4）T_2~T_3 时间段，溃口形成的过渡阶段。对于溃口的形成这是一个非常关键的阶段，能否防止溃堤的最终形成和发生的关键也在这一阶段。水流侵蚀开始向堤防的河道内一侧发展，并最终形成扩大的溃口，这一阶段一般会持续数小时，相对于前几个阶段，这一阶段溃口的发展已经具有一定规律性，因此目前对于堤防溃口的计算和预测也一般是从这一阶段开始。

（5）T_3~T_5时间段，溃口形成阶段。堤防溃口处急速的下切，伴随着横向的冲刷，使溃口在下切的同时不断的展宽，下切展宽的过程与堤身的属性以及河道内水流的流量等有极大的关系。此阶段流量过程变化剧烈，一般是先表现为流量急剧的上升，达到一个定点之后缓慢的下降至平稳状态，此时溃口的发展也相对极其缓慢趋于结束。

2.3.1　影响溃口展宽速率的主要因素

影响堤防溃口展宽的因素大致可以分为内部因素和外部因素两种。内部因素主要与堤防自身的特性有关，决定了溃口边坡的抗冲力和抗剪强度；外部因素主要与水流运动有关，表现为水流的冲刷力。抗冲力是阻止河岸冲刷的阻力，一般可用起动切应力来表示，一般与河岸土体的泥沙粒径、级配、颗粒间电化学作用以及边坡角度等都有关。抗剪强度受众多因素影响。从土体本身来讲[10]，抗剪强度与土体的矿物成分、粒径、级配、结构联结及排列方式、密度、饱和度、土及水中可交换离子成分含量等都有关系；而另一方面，土体的抗剪强度还与受荷条件、固结程度及土体形成历史等外界条件有关。因此，土体的抗剪强度是土体在一定条件下的力学属性。堤防的抗冲力和抗剪强度主要堤防自身特性所决定，因此影响溃口展宽的主要因素有以下几种。

2.3.1.1　内部因素

影响堤防溃口展宽速率的内部因素主要与堤防自身特性有关，其中主要包括堤防形式、筑堤材料以及堤防的构筑状况等。

1．堤防的设计（堤防形式）

堤防的设计类型在很大程度决定了溃口的展宽过程。采用均质同性的材料筑成的堤防是最简单的一种类型。即使这种就地取材所筑成的简单堤防，也会由于表面植物生长而形成表面的保护层，植物生长的不均衡使得溃口的展宽过程也同样具有不规律性。

不同地方的河堤有不同的规格。有很多办法都可以保证堤防稳定，不发生严重的渗漏。但是其中对于溃口形状影响最大的是修筑堤防所采用的材料。典型的堤防所采用的构筑材料大多来自于本地，因此堤防的构筑材料也随地方不同而有所差异。另外，堤防中往往需要加入其他的防冲措施，以增强抗冲能力，防止溃口的出现。这些措施主要包括加入心墙，铺设护堤以及铺设表面保护层等。除此之外，在堤防上修建排水口、水闸等建筑物也可以对维持堤防的安全有所帮助。但是不当的操作也会增加这些建筑物附近堤防发生溃口的危险。

堤防可以采用同一种构造模式，也可以采用多种构筑模式合成，往往采用黏土心墙。多层次堤防溃口的展宽过程也包括多种模式，如顶部侵蚀、建筑物垮塌等。这种情况下溃口展宽过程主要取决于各层之间材料连接的紧密程度。

2. 筑堤材料

构筑堤防的材料对溃口发展过程有重要的影响。常用的构筑堤防的材料主要有三种：黏性填充材料，非黏性填充材料和岩石。各种材料主要以粒径作为区分标准。

（1）非黏性材料，如非黏性沙，一般会发生较为急剧的冲刷。同是非黏性材料所筑成的堤防，由于堤防形式和初始溃口形状的影响，其展宽过程会有较大的差异，但是总体来说非黏性材料的冲刷过程都表现为表面的逐步侵蚀。随着侵蚀深入到堤防内部，侵蚀面的坡度会有所变化，由于内部颗粒间水分的吸附作用，甚至会使非黏性材料冲刷过程表现出黏性材料的特征来。例如，非黏性材料堤防在发生冲刷时，其溃口的左右两侧面往往表现为垂直面，而并不是松散的堆积体。这种现象已经被国内外众多学者和试验所证明。欧洲一些学者在挪威进行了一次大尺度的非黏性土堤防溃堤物理模拟。试验中堤防溃口两侧的土体不断坍塌并堆积在堤脚处被水流带走，表现出非黏性土所特有的特征。但是试验过程中及试验结束后，溃口两侧面均为垂直面，甚至还有部分悬挂在空中，则表现出黏性土的一些特征。

（2）黏性材料。如黏土，能在很大程度上限制溃口的发展速度，这种材料的堤防溃口发展过程完全不同于非黏性土材料所筑成的堤防。非黏土的侵蚀过程一般表现为首先在堤防的下游面上形成阶梯状冲刷并向上游发展，直到堤顶发生冲刷崩塌展宽。

（3）岩石。以岩石为主所构筑的堤防其溃口冲刷过程与岩石的粒径具有很大的关系。当粒径较小时，其表现出的冲刷特性类似于非黏土堤防。当粒径较大时，则石块之间的连接力将是影响溃口冲刷展宽过程的决定性因素。

从以上关于各种材料堤防溃口的展宽过程可以看出，不同材料溃口的展宽过程和溃口形式差异较大，很难只用一种模式就可以描述，针对不同材料需采用不同的描述方法。

3. 堤防的构筑状况

即使采用相同的材料，在不同的构筑状况下其溃口的发展过程也会存在巨大的差别，其中材料的密实度和含水率是影响冲刷特性的关键性因素。Vaskinn 等[33]在试验中发现，由于密实度和含水率的差别，非黏性土和黏性土堤防溃口的展宽过程甚至出现了与研究者传统预期完全相反的现象。试验中黏性土堤防是在漫长的雨季中建造的，因此建成后其含水量非常高，而非黏土堤防则密实度较高且含水率较低。溃堤试验开始后黏性土堤防表现出比非黏性土堤防更快的冲刷展宽速度。Hanson 等[34]通过实测资料分析认为黏性土中含水率的微小变化会引起其冲刷速度较大的改变。因此，溃口展宽的计算和预测中需加入反映材料含水率和密实度的参数以增加准确性。

2.3.1.2　外部因素

溃口发生后，其展宽过程主要取决于水流冲刷力与堤防抗冲力之间的对比。因此，水流的作用力是影响溃口展宽速率的主要外部因素。当水流中悬移质的床沙质含量 S 低于水流挟沙力 S_*时，水流就有冲刷溃口底部和两岸能力。并且纵向水流越近岸，近岸流速越大，近岸单宽流量越大，水流输沙能力也就越强，对溃口底部和两侧的冲刷作用也就越剧烈。纵向水流流速越大，边壁处黏滞切应力也越大，水流中的涡体对溃口处泥沙的输移作用也就越强。除纵向水流起着主要的冲刷输沙作用外，在水流顶冲的弯道凹岸的下半部会出现弯道环流，而弯道环流对溃口底部和两岸的冲刷作用也是溃口展宽中很常见的情况。

因此，水流对溃口的冲刷作用包括：作用于溃口的水流强度、水流持续时间、水流流态（弯道环流等）、深泓位置（即主流位置），这些都是水流对溃口冲刷产生影响的主要方面[35]。

1．水流强度

水流强度可用式（2.1）表达，从中可以看出决定水流强度的主要因素有水深和比降，因此水深和比降是影响溃口展宽的基本因素之一。

2．水流作用时间

唐日长[34]认为溃口展宽强度主要决定于水流输沙能力。同一地点不同时段的展宽强度 ΔW 随着该时段的平均流量的平方及其持续时间即 $\bar{Q}^2\Delta t$ 的增大而增大。但是另一方面，水流的持续冲刷会导致溃口崩塌，崩塌下来的土体堆积在坡角处，反而增加了溃口的稳定性。因此，水流的持续时间对溃口冲刷起着促进作用还是抑制作用不能一概而论，需要视具体问题而定。

3．水流流态

从河流动力学的角度看，水流做曲线运动必将引起环流的出现，它与纵向水流结合在一起形成螺旋流[36]。横向环流作用使表层含沙量较小的水流不断的流向凹岸并插入河底冲刷凹岸，同时底层含沙量较大的水流不断的流向凸岸，从而形成横向输沙的不平衡。溃口凹岸的冲刷及凹岸冲蚀下来的泥沙不断输移，往往形成向凹岸楔入的冲刷坑，再加上纵向水流对凹岸的顶冲作用，几种因素同时作用下往往会形成凹岸岸坡的坍塌后退。

由弯道环流作用引起的凹岸冲刷首先发生在坡脚[37]。随着冲刷的进行，近岸深槽逐渐楔入，深槽内的水流流路更加弯曲，从而进一步强化了水流的冲刷能力。随着溃口两侧的岸坡越来越陡，近深槽处土体首先坍塌。最初的坍塌体呈块状，前一次下塌的土块受后一次下塌土块的推挤和撞击，加上坍体下塌的巨大惯性搅动水流形成的强大立轴环流，一方面使土体分解形成含沙浓度较高的水流向溃口岸坡窝甭口门外的深槽方向运动，一部分淤积在深槽内，另一部分被纵向水流带往下游；另一方面，巨大的坍塌体下滑诱发的紊动强度很大的补充水流和冲击波，对溃口岸坡有一定的冲蚀和掏刷作用，由此加速了后面土体的进一步崩塌。当溃口窝崩形成的“鸭梨形”区域达到一定程度时，由于溃口主流在凹岸顶冲区造成的楔入形态，使主流发生分歧，结果使得楔入处的下游侧具有类似于鱼嘴分流的作用，虽然受冲蚀也在后退，但仍有一部分水流分入窝崩区内，推动窝区水流作回旋运动，促使溃口岸坡的窝崩继续发展，如图 2.6 所示。图 2.6 中的数字表示土体崩塌的次序，从 1 往后表示时间上从前往后。

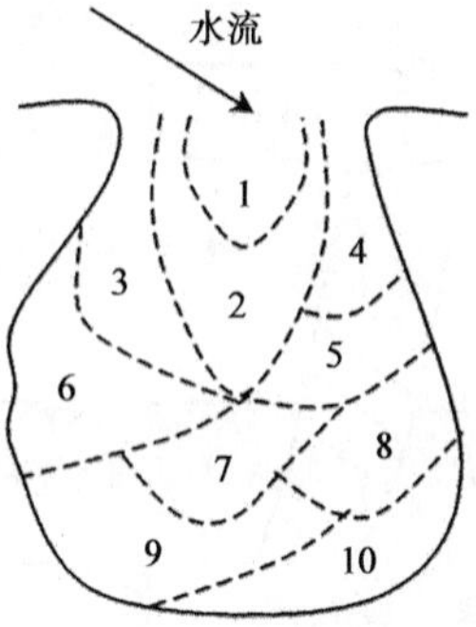

图 2.6　窝崩破坏模式平面图

李宝璋[38]认为形成溃口岸坡窝崩的动力是大尺度纵轴（水流方向）螺旋流。螺旋流从面层分离出近似窝崩口门宽的一股流量，以大于两旁的流速进入口门内，接着转变为竖轴螺旋流，形成高速回流由面层向底层运动，对窝底有强烈的下切冲刷力，从底部带走大量泥沙向窝区外运动，又归入溃口内纵轴螺旋流底层。此外，窝崩时产生的次生流能量，如异重流作用、土体崩塌的冲击力、溃口内底层螺旋流的吸引力，对窝崩起辅助作用。溃口窝崩都发生在堤防上层为亚黏土或淤泥质亚黏土、下层为厚粉细沙层的情况下。同时认为溃口内深槽不断刷深并逼近溃口两侧是发生溃口窝崩的条件和信号。

4．深泓位置

深泓位置是由主流位置决定的，主流即单宽流量最大的地方。主流靠近溃口两侧，近岸流速增大，近岸单宽流量增大，近岸水流输沙能力也就随之增强，对溃口坡脚的冲刷力也就增强，坡脚处被严重冲刷下切，溃口两岸变陡超过其临界稳定岸坡，土体失稳，就会以块状崩塌的方式塌入水中。

深泓迫岸是条崩发生的主要原因。主流贴近溃口两岸对坡脚造成冲刷，悬空面积增大或者形成陡坡从而造成崩塌。对溃口来说，当上部地层是固结程度较高的黏性土，而坡脚地层是较为松散的砂土时，常常形成淘空而引起溃口两岸整体产生崩塌。对这种上下土层土质强度相差较大的堤防，容易形成条崩，如图 2.7 所示。坡脚组成是以粉细砂为主的情况下，若溃口持续时间较长，则抗剪强度极低，抗滑阻力接近于 0。在底部环流的影响下，水流不断冲蚀坡脚，致使坡脚淘空，上部岸坡失稳是形成条崩的主要原因。崩岸后的土体一部分被水流直接带走另一部分堆积在岸脚形成新的或较为稳定的岸坡。如果此处崩塌下来的土体继续被水流带走，逐渐使溃口坡脚变陡，直至产生又一次崩塌，这样循环往复直到水流条件减弱或者岸坡变缓溃口处的崩塌才能停止。

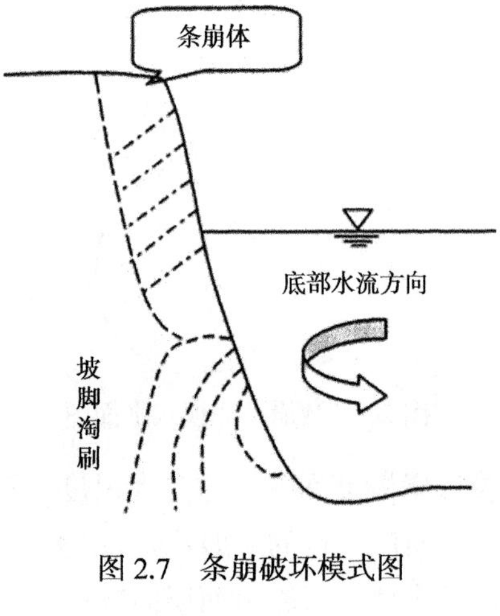

图 2.7　条崩破坏模式图

2.3.2　溃堤洪水过程

2.3.2.1　溃口流量过程

溃口的流量过程主要由溃口的发展过程所决定。对于瞬间溃决问题，其峰值流量一般出现在溃决发生的初期，而对于逐渐溃决过程，流量的峰值在时间上则会明显靠后一些。

在堤防溃口处，水流由河道里的缓流状态通过溃口上临界水深处过渡到堤下的急流状态，在这种情况下，溃口出流计算可以忽略其行进流速水头。由于堤防溃口并不是正对水流流向，而是有一定的交角，因此一般采用侧堰出流公式计算溃口流量，若堤防溃口的单宽出流量为 q，则该单宽流量由式（2.7）[39]来计算。

$$q = KH^{2/3} \tag{2.7}$$

式中：K 为系数，需根据具体出流条件率定，一般情况下取值范围为 1.70 ~ 1.94；H 为溃口处水深。由于溃口处水位变化较为剧烈，因此要计算溃口处总出流量 Q，需首先假设沿溃口方向水位分布。王立辉[40]通过分别假设水位呈线性分布和二次抛物线分布后，通过积分得到溃口处总流量。

水位线性分布：

$$Q = \frac{2}{5}KL\frac{H_2^{2/5} - H_1^{2/5}}{H_2 - H_1} \tag{2.8}$$

水位抛物线分布：

$$Q = MKL(H_2 - H_1)^{2/3} \tag{2.9}$$

其中

$$M = \frac{1}{8}\left[2(c-1)^{3/2} + 3c(c-1)^{1/2} + 3c^2\arcsin\frac{1}{\sqrt{c}}\right], \quad c = \frac{H_2}{H_2 - H_1}$$

式中：H_2、H_1 分别为溃口上下游水深；L 为溃口上下游长度；K 为出流系数。

采用水力学方法可以粗略估算溃口流量过程，但其求解过程中对于水位的假设是否合理直接决定了公式计算结果的合理性。显然，将溃口处复杂的流态下水位直接假设为线性或抛物线型分布都可能造成巨大的偏差。另外，实际计算过程中，公式中所涉及的各种水动力学因子和边界条件的数值都难以确定，各个因子随分洪过程的变化而变化，且各因子间又存在复杂的相互作用。

2.3.2.2 溃口下游洪水演进过程

堤防溃决后，水流从溃口急剧涌出，由于溃口下游缺少了河道边界的约束，水流运动状态远比河道中散乱。

（1）溃口下游流量。溃堤波一般为单波，峰型尖瘦，向下游传播时，由于失去河道的约束，流量过程线尖峰部分会很快坦化。目前关于溃堤洪水演进的经验方法研究并不多见。但考虑到溃堤与溃坝洪水具有一定的相似性，可以参考溃坝洪水演进的经验公式。在初步分析时，可采用以下经验公式[41]：

$$Q_{Lm}=\frac{W}{\dfrac{W}{Q_m}+\dfrac{L}{V_c K}} \tag{2.10}$$

式中：Q_{Lm}为当溃堤最大流量演进至距离坝脚 L 处时，在该处出现的最大流量；W 为溃坝发生时水库库容；Q_m 为坝址处最大流量；L 为距坝址距离；V_c 为河道洪水期最大流速；K 为经验系数，山区 K=1.1～1.3，半山区 K=1.0，平原 K=0.8～0.9。

（2）洪水传播过程及流量过程线。黄河水利委员会水利科学研究院根据试验得到溃坝洪水传播时间及概化流量过程线[42]。

洪水起涨时间：

$$t_1=k_1\frac{L^{1.75}(10-h_0)^{1.3}}{W^{0.2}H_0^{0.35}} \tag{2.11}$$

式中：t_1 为洪水起涨时间，s；h_0 为溃坝洪水达到前下游计算断面平均水深；k_1 为系数，$k_1=0.63\times10^{-3}\sim0.73\times10^{-3}$。

最大流量达到时间为

$$t_2=k_2\frac{L^{1.4}}{W^{0.2}H_0^{0.5}h_m^{0.25}} \tag{2.12}$$

式中：t_2 为洪水起涨时间，s；k_2 为系数，$k_2=0.8\sim1.2$；h_m 为最大流量时平均水深；其余符号意义同前。使用中可先计算得到最大流量，再由水位流量关系曲线求得 h_m；根据以上两式可得到洪水到达时间 t_1 和最大流量到达时间 t_2 后，将流量过程概化为三角形，即可用下式求得洪水消落时间 t_3：

$$t_3=\frac{2W_x}{Q_{Lm}}+t_1 \tag{2.13}$$

式中：W_x 为下泄总水量；其余符号意义同前。

对于溃堤水流的流动更加复杂，难以直接采用上述溃坝洪水计算公式。并且在实际应用中，公式中很多系数都要视具体情况而重新修改或率定。因此直接采用水动力学方法进行溃堤洪水计算是必要的。

参考文献

[1] 朱建强，欧光华，言鸽，等. 堤防决口机理及其防治[J]. 湖北农学院学报，2000, 20(4): 369 - 376.

[2] 董哲仁. 堤防抢险实用技术[M]. 北京：中国水利水电出版社，1999:13 - 78.

[3] 山村和也. 河川堤防の土质工学的研究[D]. 日本京都：京都大学，1971 (1): 12 - 14.

[4] 玉光弘明. 堤防の设计と施工—海外の事例を中心として—土木工学编集[M]. 日本东京：技报堂出版，1991: 305 - 308.

[5] 冯国栋. 土力学[M]. 北京：水利电力出版社，1986:142 - 43.

[6] 金家麟. 土坝洪水漫顶及破坏[J]. 四川水力发电，1991(3): 53 - 56.

[7] 黄金池. 堰塞坝漫顶溃口流量变化过程的数值模拟[J]. 水利学报，2008(10): 1235 -1240.

[8] VISSER P J . Breach growth in sand dikes [D]. Ph. D Thesis. Netherlands : Delft University of Technology , 1998.

[9] VISSER P J . Application of sediment transport formulae to sand dike breach erosion [R]. Netherlands: Delft University of Technology , 1995.

[10] Temple, D.M., Hanson, G.J., Neilsen, M.L. and Cook, K. R. Simplified breach analysis model for homogeneous embankments: Part 1, Background and model components, 25th Annual USSD Conference, Salt Lake City, Utah, USA, 2005, 6: 6 - 10.

[11] 张瑞瑾. 河流泥沙动力学[M]. 北京：中国水利水电出版社，1998.

[12] 张兰丁. 粘性泥沙起动流速的探讨[M]. 水动力学研究与进展，2000, 15(1): 82 - 87.

[13] Van Rijn L.C.Sediment transport, part I: bed load transport[J]. ASCE, Journal of Hydraulic Engineering, 1984, 110(10): 431 - 1455.

[14] 洪大林. 粘性原状土冲刷特性研究[D].南京：河海大学，2005: 55 - 66.

[15] 唐存本. 泥沙起动规律[J]. 水利学报，1963(2): 1 - 12.

[16] 张英华. 土力学[M]. 北京：高等教育出版社，1987: 111 - 116.

[17] Van ZylD J. Seepage erosion analysis of geotechnical structure subjected to confined flow2a p robabilistic design app roach [D]. USA: Purdue University, West Lafayette, 1979.

[18] Terzaghi K, Peck R B. SoilMechanics in Engineering Practice [M]. New York: JohnWiley and Sons Inc. 1967.

[19] 张我华，余功栓，蔡袁强. 堤与坝管涌发生的机理及人工智能预测与评定[J]. 浙江大学学报（工学版），2004, 38 (7) : 902 - 908.

[20] JACOB R A. Increased rate of convergence th rough learning rate adap tat ion [J]. Neural Networks, 1988, 1: 295 - 308.

[21] 阎平凡，张长水. 人工神经网络与模拟进化计算[M]. 北京：清华大学出版社，2000.

[22] Van Zyl D ,Harr M E. Seepage erosion analysis of structures[C]. Proc 10th Int Conf on Soil Mechanics and Foundation Engineering. Rotterdam: A A Balkema, 1981 : 503 - 509.

[23] Lane E W. Security from underseepage: masonary dams on earth foundations[J] . Trans Am Soc Civ Eng., 1935, 100 (1919): 1235.

[24] 肖四喜，李银平. 大堤管涌形成机理分析及治理方法[J]. 湖南大学学报（自然科学版），

1999(4): 123 - 126.

[25] 陈建生，李兴文，赵维炳. 堤防管涌产生集中渗漏通道机理与探测方法研究[J]. 水利学报，2000(9): 48 - 54.

[26] 葛亮涛，顾廉隆，高洪烈. 多含水层混合井流理论及流量测井法[M]. 北京：地质出版社，1984.

[27] 薛禹群. 地下水动力学（第 2 版）[M]. 北京：地质出版社，1997.

[28] 薛新华，张我华. 堤坝管涌渗流的损伤机理分析[J]. 江南大学学报（自然科学版），2009,8(1): 85 - 89.

[29] 钱家欢. 土力学[M]. 南京：河海大学出版社，1988.

[30] 周健，姚志雄，白彦峰. 砂土管涌的细观机理研究[J]. 同济大学学报（自然科学版），2008, 36(6): 733 - 737.

[31] 姚志雄，周健，张刚. 砂土管涌机理的细观试验研究[J]. 岩土力学，2009,30(6): 1604 - 1610.

[32] Vaskinn, K.A., Lovell, A., Hoeg, K., etc. IMPACT: Physical modelling of breach formation: Large scale field tests, Associationof State Dam Safety Officials: Dam Safety Conference 2004, Phoenix, Arizona, US, September, 2004.

[33] Hanson, G.J. and Hunt, S.L. Lessons learned using laboratory jet testing method tomeasure soil erodibility of compacted soils, Journal of applied engineering in agriculture (ASABE), 2007, Vol. 23 (3): 305 - 312.

[34] 唐日长，贡炳生，等. 荆江大堤护岸工程初步分析研究[R]. 长江河道研究成果汇编，1987, 11.

[35] 刘晓芳. 冲积河流纵向冲淤与横向变形数值模拟方法的研究与应用[D]. 武汉：武汉大学，2008.

[36] 谢鉴衡. 河流泥沙工程学[M]. 北京：水利电力出版社，1981.

[37] 冷魁. 长江下游窝崩形成条件及防护措施初步研究[J]. 水利科学进展，1993, 4(4): 281 - 287.

[38] 李宝璋. 浅谈长江南京河段窝崩成因及防护[J]. 人民长江，1992(11): 26 - 28.

[39] 椿东一郎（杨景芳译）. 水力学[M]. 北京：高等教育出版社，1983:223 - 239.

[40] 王立辉. 溃坝水流数值模拟与溃坝风险分析研究[D]. 南京：南京水利科学研究院，2006.

[41] 朱淮宁. 溃坝经济分析研究[D]. 南京：河海大学，1997.

[42] 李雷，王仁钟，盛金保，等. 大坝风险评价与风险管理[M]. 北京：中国水利水电出版社，2006.

第3章　溃堤水沙运动过程水槽试验研究

溃堤机理的研究为进一步研究溃堤水沙过程奠定了理论基础。根据溃堤机理中对于影响溃堤影响因素的分析，本书溃堤物理模型试验主要用于研究相同诱导溃口在不同堤防高度、不同流量以及不同粒径组成条件下堤防溃决的溃口横向、垂向发展过程以及溃堤过程中水位发展的过程，能够更加定量的反映溃堤的物理机理和过程，为建立更为合理反映堤防溃决过程的数值模型提供理论基础验证资料，同时可以为建立的溃堤水沙数学模型提供验证依据。

3.1　试验条件及过程

3.1.1　物理模型概况

试验在180°玻璃弯道水槽中进行，水槽宽1.2m，底坡1‰，内弯半径1.8m。水槽上游有可以调节流量大小的闸门，水流为循环水流，出水流经水槽下面的三角堰，三角堰前有一测压管，可读出堰顶水头，从而可以计算出水槽中的水流流量，下游出口有阀门可用于调节水位。试验平面布置图见图3.1。

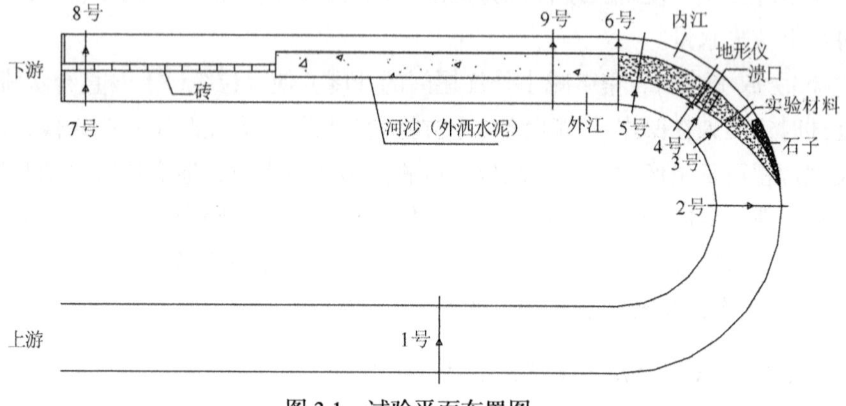

图3.1　试验平面布置图

在弯道顶端以下弯段的槽底铺设用试验材料做成的堤防模型，下游顺直段用粗沙衔接，外面洒一层水泥以防渗漏，后面一段用标准砖连接至尾门。这样，水槽下游段被分割成外江和内江两部分，便于研究溃堤后外江和内江的水位变化以及溃堤流量的变化规律。在 4 号断面处（以 4 号断面为轴线）做一个宽 20cm 的矩形缺口，其高程比两边堤顶高程低 1.5cm，试验开始后可作为堤防溃决的诱导溃口。当水位上升到一定高度后，水流从诱导口流出，堤防开始发生溃决。

为观测溃堤后内外江水位的变化规律，在水槽上游至下游每个断面处均布有水位仪，共布置九台，每台水位仪的设置均为每 2s 记录一次当地的水位。其中 1 号布置在上游顺直段，2 号布置在弯顶部位，3 号布置在外江诱导溃口的上游部位，4 号布置在外江诱导溃口处，5 号布置在外江弯曲段末尾，6 号、9 号均布置在内江下游顺直段，7 号布置在外江尾门附近，8 号布置在内江尾门附近以推算溃堤流量过程。另外，为了观测堤防溃决后溃口的垂向发展过程，在堤防 4 号断面稍下游布置一台地形仪，可测出实时的溃口处的高程变化。

3.1.2　模型试验流程

（1）准备工作。制作堤防模型和诱导溃口，将水位计、地形仪摆放到位，连接好线路，打开电脑，检测各台水位计以及地形仪的运行状态，确保仪器的正常工作，尽量减小因仪器测量误差对试验结果造成的影响。

（2）浸泡。为保证堤防在试验过程中的稳定，试验前需对堤防模型进行浸泡。浸泡时，关闭外江下游的尾门，从下游水管向外江慢慢注水，待水位上升到约低于诱导溃口高程 1cm 时，停止注水。此时，打开上游闸门一定开度，从上游放水，同时调节外江尾门使外江水位保持恒定，此时，读出水槽下面测压管的读数，可计算出上游来水量。

（3）放水冲刷。稍微减小外江尾门的开度，使水位缓慢上升直至水流漫顶。与此同时，两人在凹岸一侧于溃口上方拉紧卷尺，一人在凸岸一侧录像，溃口口门展宽过程可从录像中读出。水位计可测量出实时水位，地形仪则自动测量出溃堤过程中溃口垂向的发展过程。这些数据自动记录在电脑上。溃口稳定后，关闭尾门，使水位缓缓上升，用地形仪测出溃后各个断面的地形。

（4）保存测量数据，整理试验结果。

3.1.3　试验组次划分及各组试验条件

模型试验过程中采用不同材料、不同来流量以及不同堤防断面尺寸，进行了大量的试验，由于溃堤试验过程的复杂性和不可控制性，很多试验的结果难以采集得到，本书中选取其中比较具有代表性且试验结果数据较为全面的 10 组进行分析。各组试验的材料、流量、堤防尺寸等参数见表 3.1。

表 3.1 试验组次及条件

试验组次	流量/(L/s)	溃口处水位/cm	堤身材料	中值粒径 d_{50} /mm	堤身断面/cm	溃口初始尺寸 /cm
1	7.55	16.5	粗沙	0.62	图 3.2（a）	矩形 20×10×1.5
2	11.02	16.5	粗沙	0.62	图 3.2（a）	矩形 20×10×1.5
3	15.62	16.5	粗沙	0.62	图 3.2（a）	矩形 20×10×1.5
4	6.55	13.5	粗沙	0.62	图 3.2（b）	矩形 20×15×1.5
5	11.79	13.5	粗沙	0.62	图 3.2（b）	矩形 20×15×1.5
6	14.94	13.5	粗沙	0.62	图 3.2（b）	矩形 20×15×1.5
7	7.28	13.5	细沙	0.4	图 3.2（b）	矩形 20×15×1.5
8	11.57	13.5	细沙	0.4	图 3.2（b）	矩形 20×15×1.5
9	15.08	13.5	细沙	0.4	图 3.2（b）	矩形 20×15×1.5
10	13.22	16.5	粗沙	0.62	图 3.2（a）	矩形 20×10×1.5

两种堤身横断面图见图 3.2。

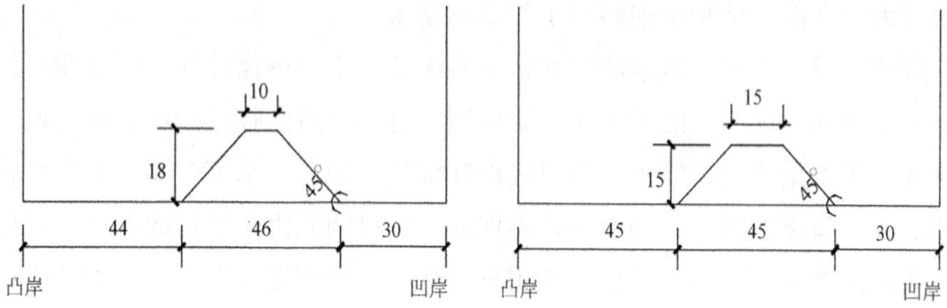

图 3.2 堤身横断面图（单位：cm）

为了比较堤身材料对溃堤过程的影响，试验中分别用两种不同级配的非均匀泥沙作为堤身材料，其级配曲线分别见图 3.3、图 3.4，其中较粗的一组泥沙的中值粒径约为 0.6mm（图 3.3），较细的一组中值粒径约为 0.4mm（图 3.4）。

试验过程中，内江的尾门一直是全开的，试验开始时，内江水深为 0，此时溃口处的外江水深即为内外江的水位差。在溃口处，取溃堤水流流向为纵向，与水流方向垂直的方向为横向，沿水深方向为垂向。

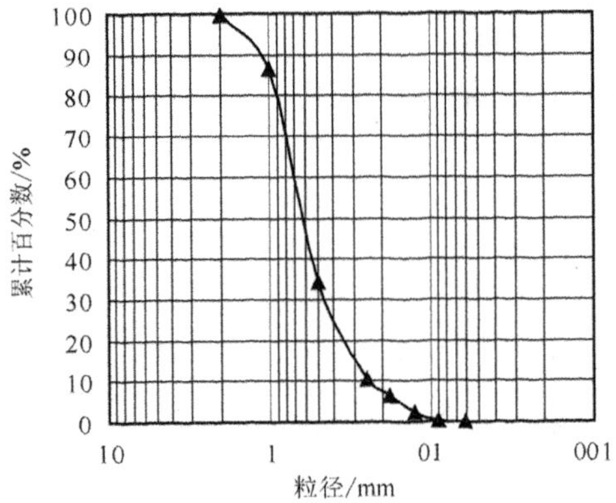

图 3.3　粗沙级配曲线

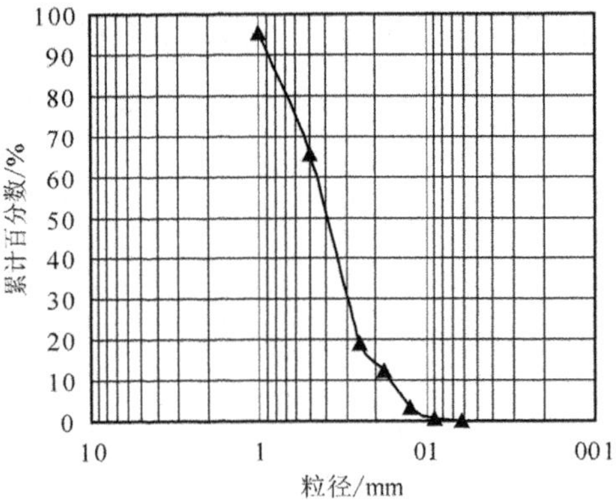

图 3.4　细沙级配曲线

3.2　试验结果分析

3.2.1　溃堤过程的简要描述

溃堤发生的瞬间，诱导口上游的水位基本与其顶部高程齐平，此时在水流的渗透压力作用下，堤防出现比较严重的渗流。随着高水位的持续作用，诱导口开始出现流沙现象，内江一侧的溃口产生类似于滑坡所产生的泥石流现象，另外一些研究者也在溃堤试验中观察到了类似的结果[1-2]。

随着大量泥沙与少量水流向溃口下游流动，溃口迅速冲深，同时溃口从沿着溃口水流方向（纵向）的下游向上游发展，直到河道内临水面堤防被冲垮，此后水流才开始大量从溃口涌出，溃口底部冲深趋于缓和，水流冲刷主要发生在溃口两侧。从溃口下泄的水流冲蚀并带走泥沙，溃口两侧由于蚀退而展宽，溃口水流流量也随之增大。在两者的相互作用下，溃口处两侧堤身下部不断被冲刷造成堤身上部悬空崩塌而展宽，溃口处的流量也逐渐增大并达到一个峰值之后减小并趋于平稳。此后由于流速减小，泥沙粗化等原因造成溃口冲刷减缓直到停止。这一过程与溃堤机理中所划分的漫顶溃堤过程基本一致。

3.2.2　溃口横向发展过程

试验中溃口的横向展宽可分为上下两部分。下部分以速度较为均匀的水流冲刷为主，冲刷部位基本限于溃口水位以下。而随着下部的冲刷掏空，上部堤防由于悬空而崩塌后退。随着溃口发展，水位渐渐趋于平稳，水流的冲刷作用与堤防自身的抗冲性趋于平衡，溃口横向发展停止。由于水流的顶冲作用，溃口展宽主要向河道来流的下游方向发展。

3.2.2.1 流量对溃口发展的影响

由表 3.1 可看出，试验组次 1～3、4～6 以及 7～8 的材料分别相同，堤身断面分别相同，其差别仅在于河道内的来流量。试验结束后根据录像资料可整理得到各个流量下溃口展宽过程。

试验组次 1~3 内江侧和外江侧溃口宽度的发展过程见图 3.5、图 3.6。试验组次 4~6 内外江侧的溃口展宽过程见图 3.7、图 3.8。试验组次 7~9 内外江侧的溃口展宽过程见图 3.9、图 3.10。

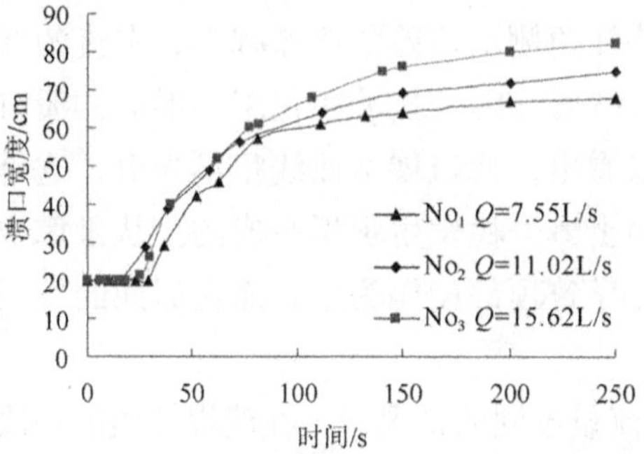

图 3.5 试验组次 1~3 内江口门展宽过程

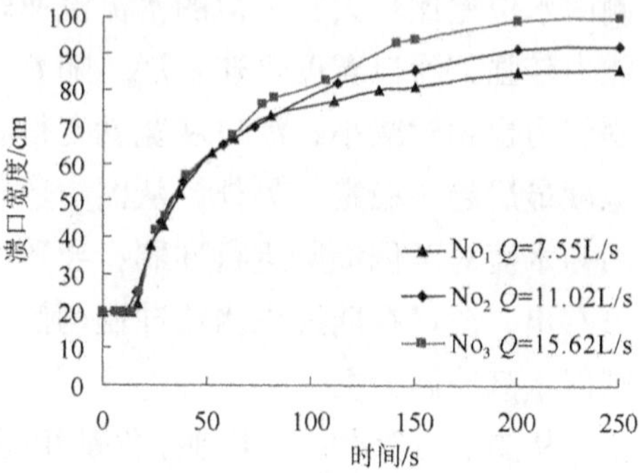

图 3.6 试验组次 1~3 外江口门展宽过程

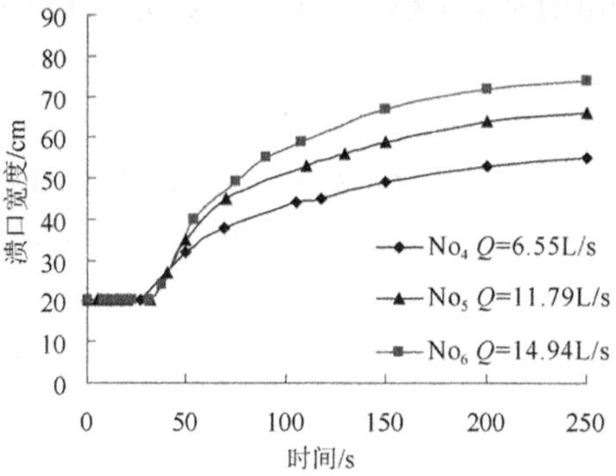

图 3.7 试验组次 4~6 内江口门展宽过程

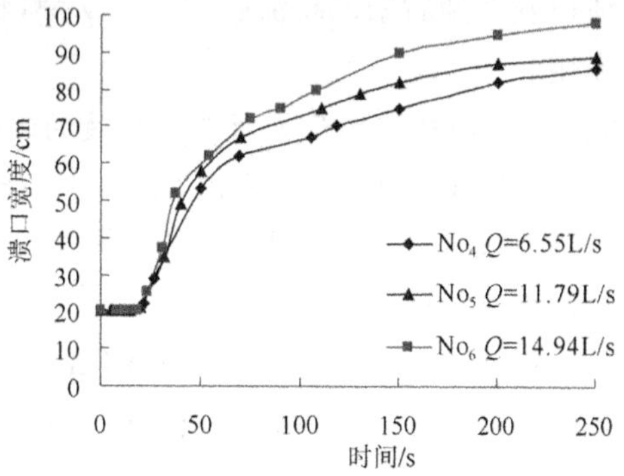

图 3.8 试验组次 4~6 外江口门展宽过程

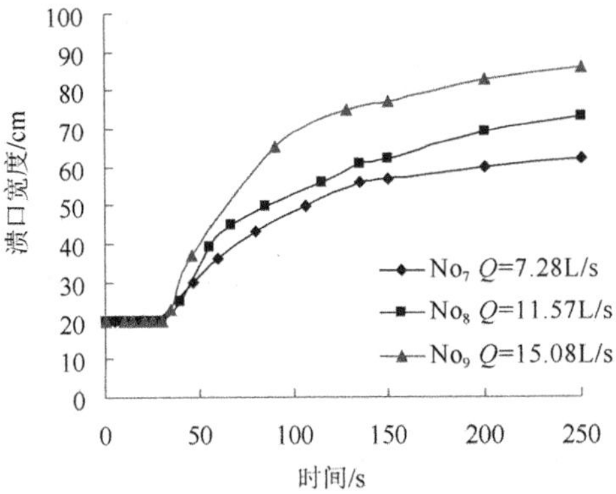

图 3.9　试验组次 7~9 内江口门展宽过程

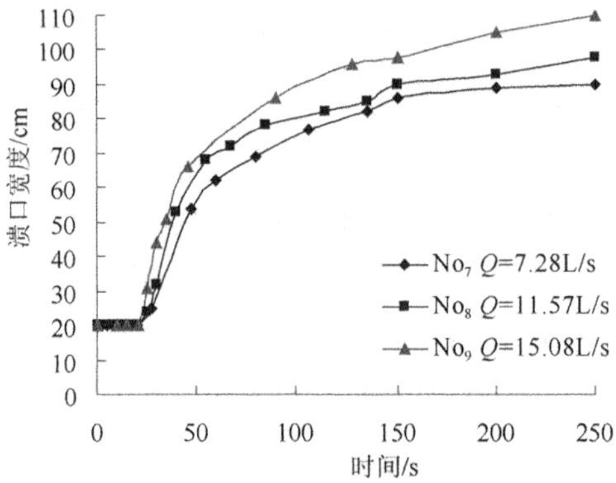

图 3.10　试验组次 7~9 外江口门展宽过程

由图 3.5 ~ 图 3.10 六组图可以看出，在溃堤的前几十秒内，由于堤防内外两侧的水位差比较大，下泄的水流流速较大，致使水流挟沙力亦较大，水流冲蚀能力较强，溃口宽度迅速发展，随着内外江两侧水位差的逐渐减小，水流的冲刷能力也相对减小，溃口展宽就变得相对缓慢，随着抗冲粗化层的形成，溃口宽度最后趋于稳定；另外，从图中还可以看出，溃口展宽曲线很不光滑，这是因为水流对两侧堤脚进行冲刷，导致两侧土体失稳发生坍塌造成的。从录像中可看出，溃口在前期以水流冲刷两侧土体导致顶部崩塌为主，而在后期的发展则以水流冲刷为主。

从图中可看出，在其他条件都相同而流量不同的情况下，在溃堤开始的一段时间内，溃口展宽速度是基本相同的，只是后来溃口趋于稳定之后，流量的优势才显现出来。这是因为溃堤刚开始时，原始的水流横向流速均为零，水流有一个加速的过程，此时流量优势发挥不出来，内外江两侧的水位差起着决定性作用。溃口发展到后来，总流越大，则从溃口分出的流量也越大，此时，流量才起决定作用。

3.2.2.2　内外江水位差对溃口发展的影响

试验组次 1 和 4、2 和 5、3 和 6 流量分别相近，材料相同，初始堤防断面见图 3.2（a)、(b)。由上面的分析可知，内外江水位差对堤防的展宽速度具有很大的影响。

试验组次 1 和 4 的内外江溃口展宽过程见图 3.11、图 3.12。试验组次 2 和 5 的内外江溃口展宽过程见图 3.13、图 3.14。试验组次 3 和 6 的内外江溃口展宽过程见图 3.15、图 3.16。

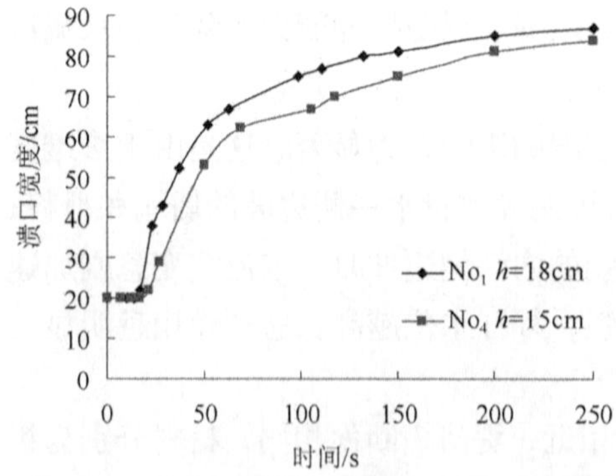

图 3.11 试验组次 1 和 4 内江口门展宽过程

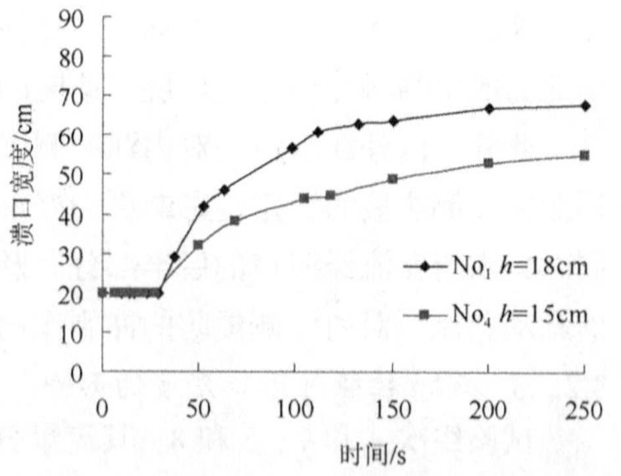

图 3.12 试验组次 1 和 4 外江口门展宽过程

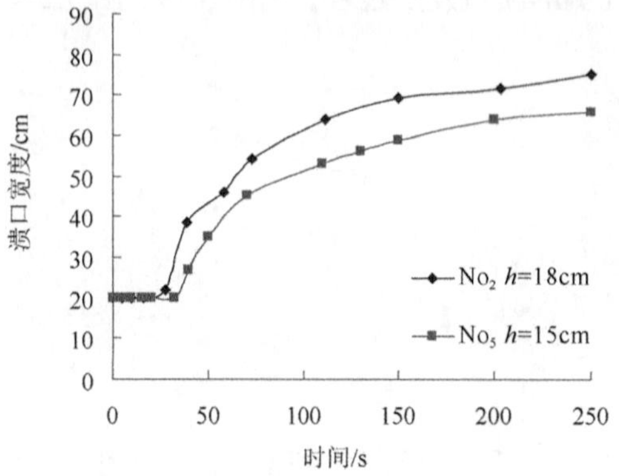

图 3.13 试验组次 2 和 5 内江口门展宽过程

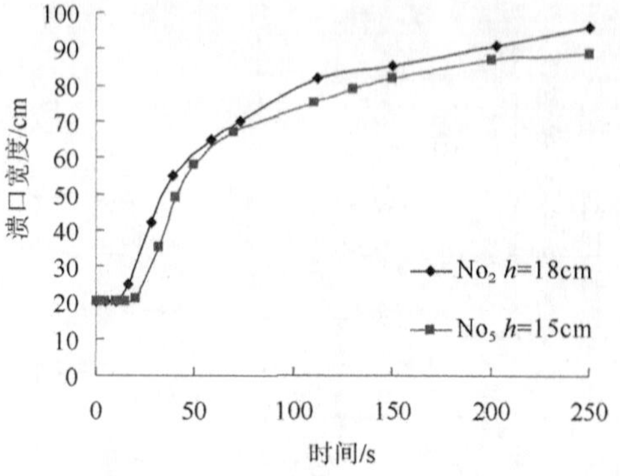

图 3.14 试验组次 2 和 5 外江口门展宽过程

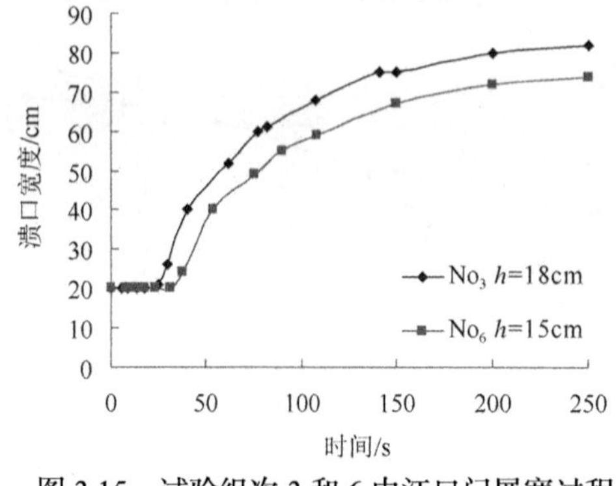

图 3.15 试验组次 3 和 6 内江口门展宽过程

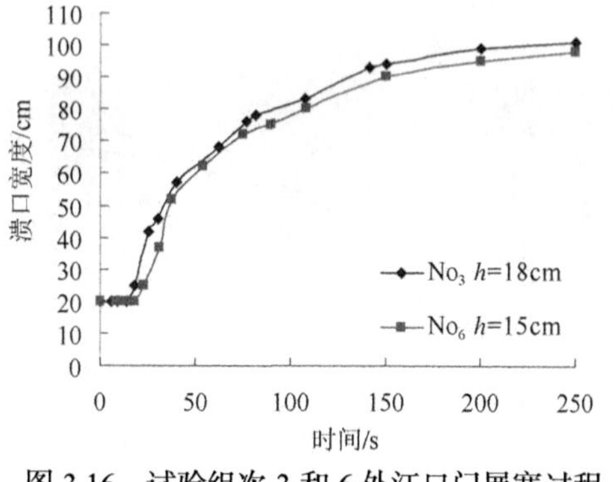

图 3.16 试验组次 3 和 6 外江口门展宽过程

由图 3.11 ~ 图 3.16 的六组比对图可看出，内外江水位差是影响溃口展宽速度的一个重要因素。一方面，水位差的大小直接决定着渗透压力的大小，水位差越大，其渗透压力也越大，堤防产生的渗透变形也越严重，导致堤防稳定性、密实性都有所降低，因此易被水流冲刷；另一方面，外江水位越高，其势能也越大，堤防溃决时，水流有较大的动能，冲蚀能力较强。堤防抗冲能力的降低和水流冲刷能力的增强必然导致溃口展宽速度的增大。

此外，内外江水位差对内江一侧展宽速度的影响尤为显著。这是由于渗透变形对内江侧边坡的稳定性影响更为严重，有可能导致背水一侧边坡的坍塌和滑移；同时，水流在流经溃口的后半部分以及陡峭的内江侧边坡时，水流演变急剧加速的紊动急流，对内江侧堤防的冲刷作用很强，外江水位越高，这种作用越明显。

3.2.2.3　泥沙粒径对溃口发展的影响

试验组次 4 和 7、5 和 8，其流量分别相近，堤防横断面相同，材料分别为粗沙和细沙，对它们分别进行对比。试验组次 4 和 7 内外江侧的溃口发展过程，见图 3.17、图 3.18，试验组次 5 和 8 内外江侧的溃口发展过程，见图 3.19、图 3.20。

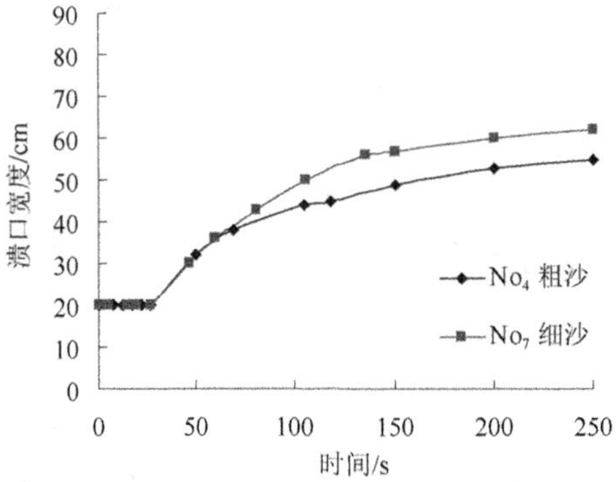

图 3.17　试验组次 4 与 7 内江口门展宽过程

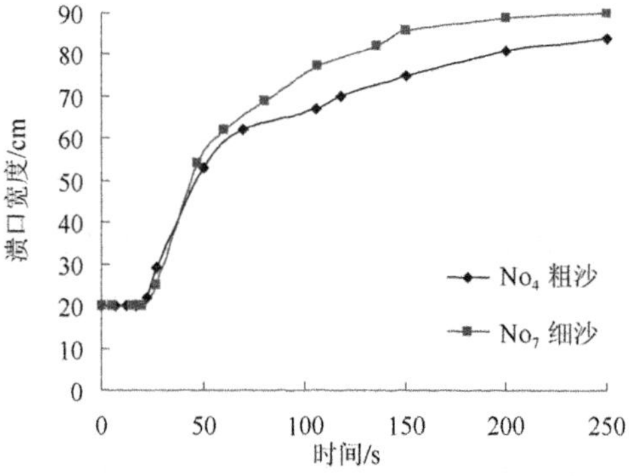

图 3.18　试验组次 4 与 7 外江口门展宽过程

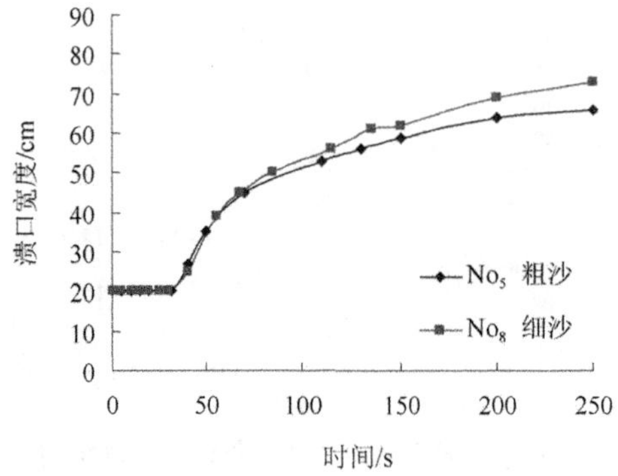

图 3.19　试验组次 5 与 8 内江口门展宽过程

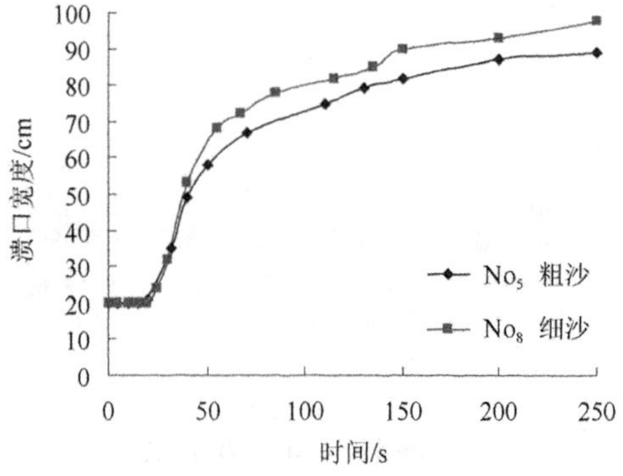

图 3.20 试验组次 5 与 8 外江口门展宽过程

在溃堤发生的前 50s 内，粗沙堤防溃口展宽速度略大于细沙堤防的展宽速度，而后逐渐落后于后者。由前面的分析可知，在前期，水流冲刷作用强烈，溃口堤身上部土体崩塌频繁，粗颗粒沙的内摩擦角要小于相应的细颗粒沙，稳定性较差，故易崩塌；后期细颗粒泥沙组成的堤防溃口展宽较快，且稳定后的宽度更大。这是因为此时溃口发展趋于平缓，水流冲刷能力减小，细颗粒较之于粗颗粒，在相同的水力条件下更易起动而被冲刷。这两方面的原因导致了上述现象的出现。

3.2.2.4 材料的密实度对溃口发展的影响

试验组次 3 和 10 的材料以及初始堤防高度均相同,且试验组次 3 的流量要比试验组次 10 的大。制作堤防模型的过程中，对试验组次 10 中的材料没有作压实处理，堆积比较松散。现比较其内外江的溃口展宽过程，见图 3.21、图 3.22。

从图 3.21、图 3.22 中可看出，虽然试验组次 3 比试验组次 10 的流量大，但后者的溃口展宽速度仍远远大于前者，尤其是在溃堤的前期，说明材料压实度也是影响溃口发展的一个很重要因素，松散堆积体的抗冲刷能力要远远低于密实堆积体。

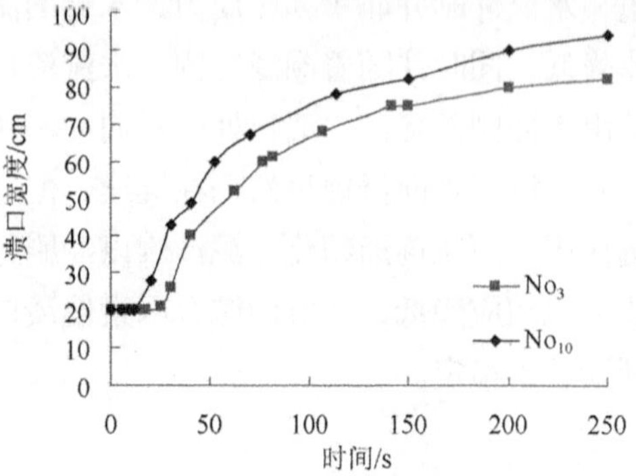

图 3.21 试验组次 3 与 10 内江口门展宽过程

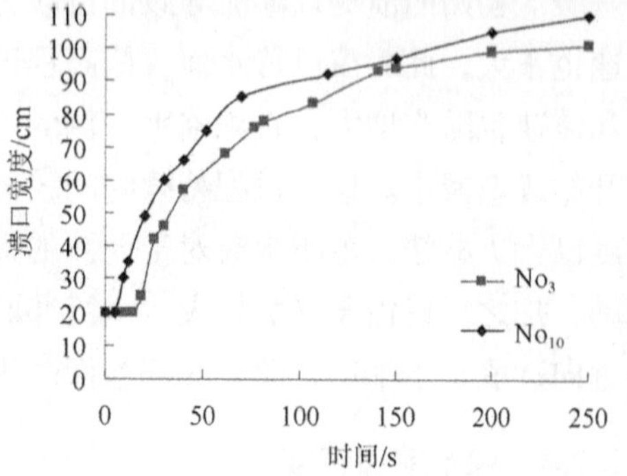

图 3.22 试验组次 3 与 10 外江口门展宽过程

3.2.3 水流对堤防的垂向侵蚀过程

试验组次 7、8、9 在初始溃口处底部高程变化过程见图 3.23，试验组次 7 和 8 中 4 号断面横断面形态随时间的变化见图 3.24（a)、(b)。

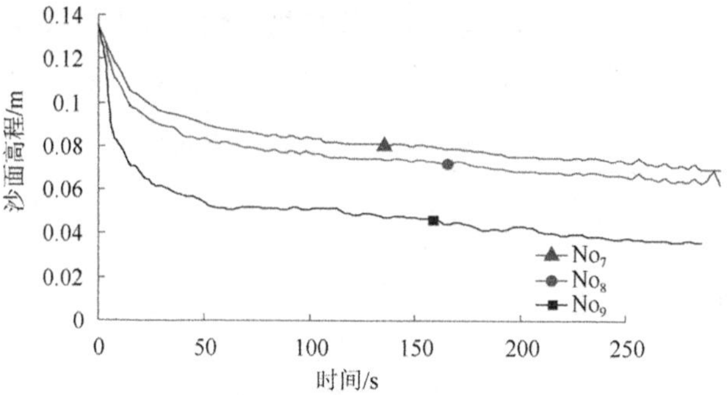

图 3.23 堤防垂向冲刷发展过程

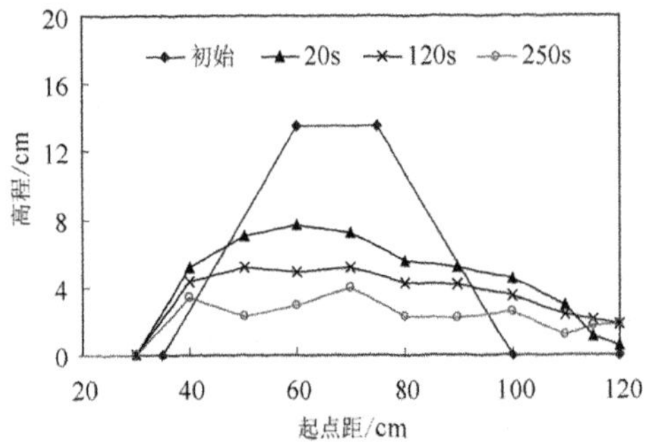

(a) 试验组次 7

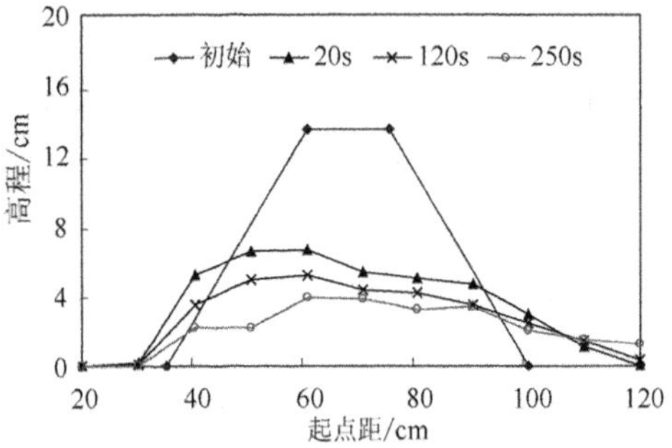

(b) 试验组次 8

图 3.24　4 号断面变化过程

由图 3.23 和图 3.24 可见，堤防溃决的垂向发展集中在前几十秒内，之后趋于平缓。初始的溃堤以渗流导致的流沙为主，水流冲刷并非主要作用力，水流的流速也不大，此时溃口背水面一侧高程迅速降低，同时伴随着溯源冲刷，水流流量和流速也随之增大，直到临水一侧的边坡由于冲刷而降低，溃口处的垂向冲刷才开始逐渐减小。这一过程持续时间较短，其后溃口垂向侵蚀虽然仍在继续，但速度已大大减缓，由于水流对于泥沙的筛选作用，河床逐渐粗化，泥沙难以冲刷起动，加之溃口由于展宽扩大，水流冲刷能力也相应降低，各方面综合因素使溃口垂向冲刷趋于平衡，溃口底部沙面高程渐渐趋于稳定。

3.2.4　稳定溃口特征

以溃堤后 250s 溃口的宽度作为最后的宽度，比较结果见表 3.2。溃口顺堤方向最终形态呈现上缓下陡的不对称梯形。各试验组次溃堤后 150s 溃口的形态比较结果见表 3.2。溃口呈不对称的倒喇叭形，内江侧较窄，外江侧较宽，外江侧与内江侧口门顶部宽度比在 1.3:1 左右；溃口顶部较宽，底部较窄，溃口顶部宽度与底部宽度比值为 1.1~1.4，流量越大，水位差越大，顶部宽度与底部宽度的差值越大。另外，堤防溃口上下游边界均具有一定坡度，且下游侧坡度较陡，上游坡度较缓；下游边缘内江侧坡度较陡，外江侧坡度较缓，上游边缘内江侧坡度较缓，外江侧坡度较陡。

表 3.2　冲淤基本平衡后溃口特征值

组次	1	2	3	4	5	6	7	8	9
内江侧顶部宽度/cm	68	75	82	55	66	74	62	73	86
内江侧底部宽度/cm	60	66	72	48	58	55	56	66	78
外江侧顶部宽度/cm	87	96	100	86	89	98	90	98	110
外江侧底部宽度/cm	80	88	91	80	82	90	85	92	103
溃口深度/cm	6.26	7.13	9.56	5.94	6.32	7.25	6.24	6.93	9.72

3.2.5 溃口处的水位变化过程

3.2.5.1 来流量对水位变化的影响

4 号断面处于溃口上方，可将其水位过程作为溃口处水位过程的代表。分别比较试验组次 1~3、4~6、7~9 溃口处水位变化过程，见图 3.25~图 3.27。

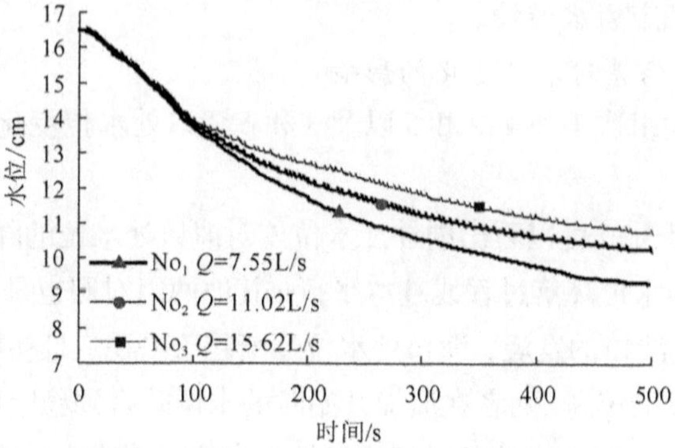

图 3.25 试验组次 1~3 溃口处水位变化

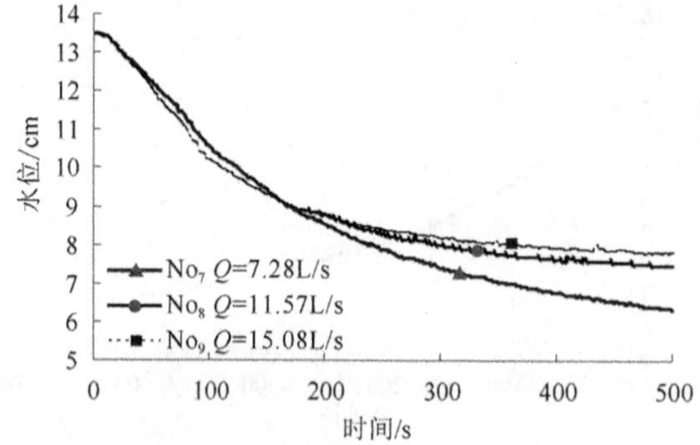

图 3.26 试验组次 4~6 溃口处水位变化

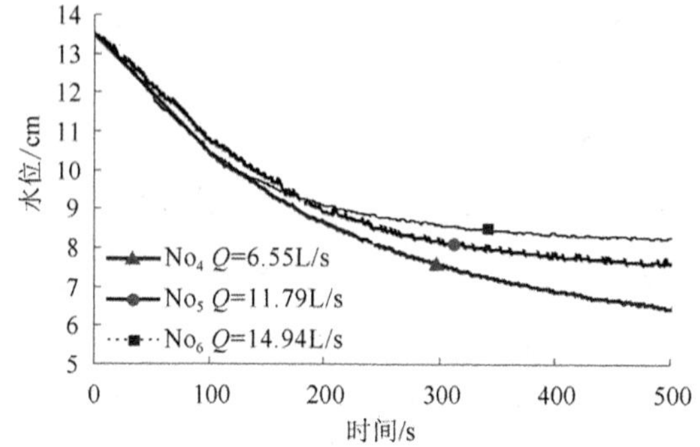

图 3.27 试验组次 7~9 溃口处水位变化

由图 3.25 ~ 图 3.27 可看出，在初始的一段时间之内，各试验组次的溃口水位均发生比较明显的降落过程，且相同水位情况下，流量对水位的下降过程影响并不是很明显，不同流量下水位降低的速度基本相同。这是因为流量大使水位降低较慢，但同时流量大导致了溃口展宽速度加快，使水位降低较快，这两方面的原因导致不同流量下水位降低速度相当。但随着溃堤过程的发展，大流量下水位首先趋于稳定，且稳定后水位较高。

3.2.5.2　内外江水位差对水位变化的影响

分别比较试验组次 1 和 4、2 和 5 以及 3 和 6 溃口处水位变化过程，见图 3.28 ~ 图 3.30。

由图 3.28 ~ 图 3.30 可以看出内外江水位差对溃口处水位的降低速度影响甚微，试验组次 1 和 4 的水位降落过程线基本平行，其他两组对照也是如此。溃堤前期水位降落较快，随着溃口的发展，溃口处水位逐渐趋于平稳，且初始水位较高的试验组次稳定后的水位也较高，两者在溃堤开始时的水位差直到稳定后的水位差基本相等，皆为 3cm 左右，初始水位差对于溃口处的水位降落速度影响并不明显。

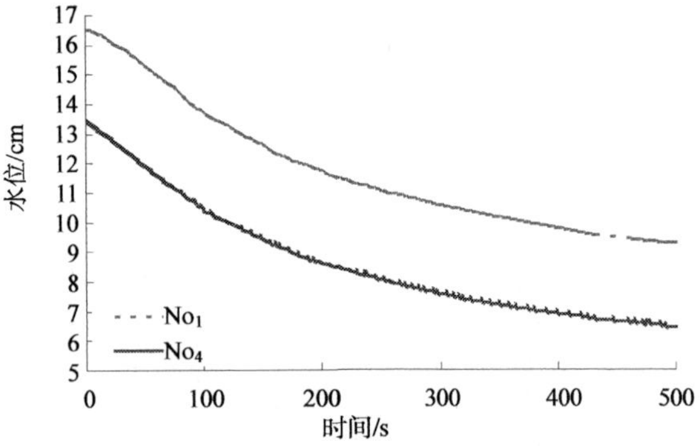

图 3.28　试验组次 1 和 4 溃口处水位变化

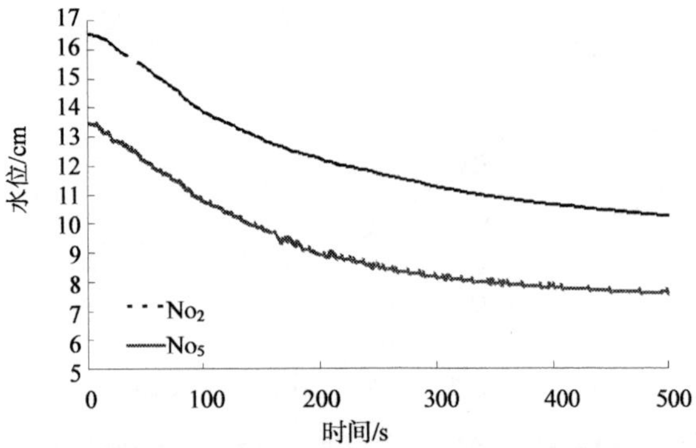

图 3.29　试验组次 2 和 5 溃口处水位变化

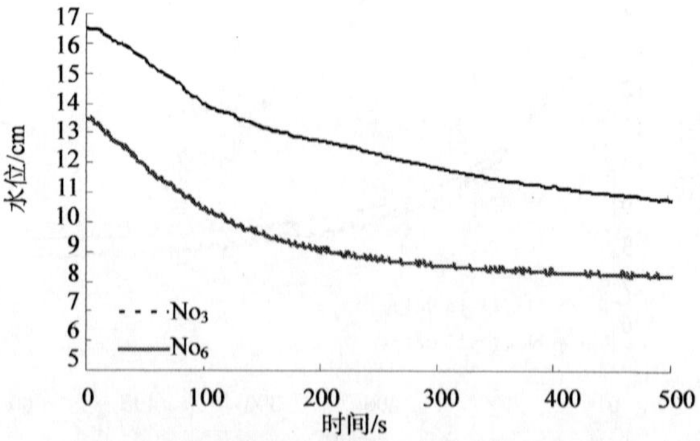

图 3.30 试验组次 3 和 6 溃口处水位变化

3.2.5.3 材料对溃口处水位变化的影响

试验组次 4 和 7、5 和 8、6 和 9 溃口处水位的变化过程分别见图 3.31～图 3.33。由图 3.31～图 3.33 可以看出，溃口发展前期，由于堤防的展宽以崩塌为主，而粗沙更易于崩塌，因此粗沙堤防的展宽速度大于细沙，因而粗沙堤防的溃口处水位略低于细沙堤防溃口处水位。而后期堤防冲刷则以堤身下部冲刷为主，细沙所组成的堤身更易于被冲刷而展宽，因此试验组次 7～9 溃口处水位分别略高于试验组次 4～6。

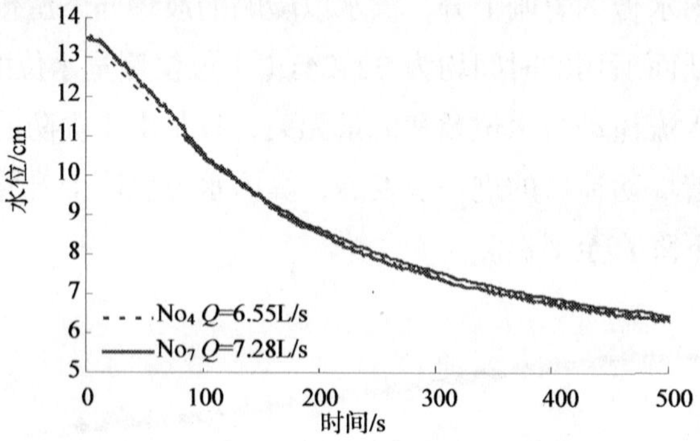

图 3.31 试验组次 4 和 7 溃口处水位变化

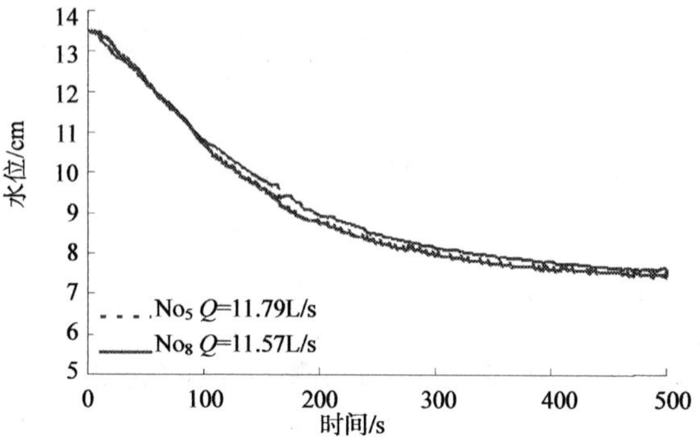

图 3.32 试验组次 5 和 8 溃口处水位变化

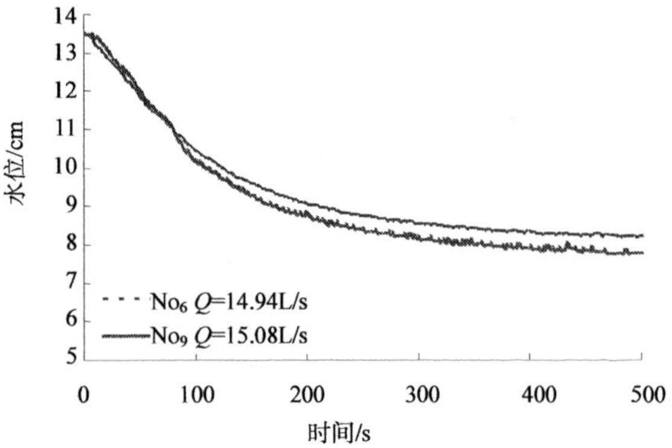

图 3.33　试验组次 6 和 9 溃口处水位变化

3.2.6　水位变化过程

各种试验条件下，各测点的水位随时间变化过程如图 3.34 ~ 图 3.37 所示。虽然初始堤内外水位差不尽相同，河道中来流量也有差别，各试验组次中的水位过程仍然具有极大的相似性，表现出相同的规律。溃堤发生初期，河道内水位缓慢下降，伴随着堤内水位的急剧上升，洪水以陡峭的波形向下游传播，且洪水波从 6 号传播到 8 号断面所用的时间均为 22~24s（水位仪测量水位的间隔为 2s），由此可见，最初的水流流动与水位差和流量无关，只是由于堤防的渗透变形而形成的流动。其后随着堤防溃口的进一步发展，堤内水位急剧上升并在极短的时间内达到峰值后缓慢下降直至平稳。

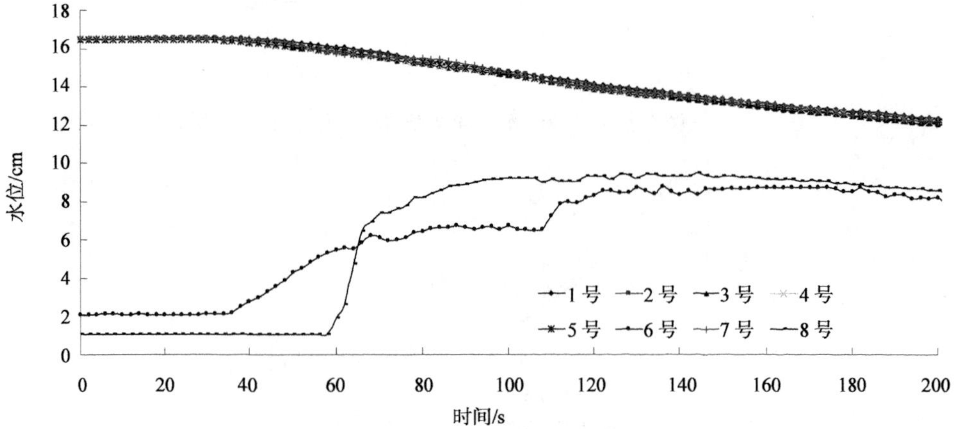

图 3.34　试验组次 1 各测点水位变化过程

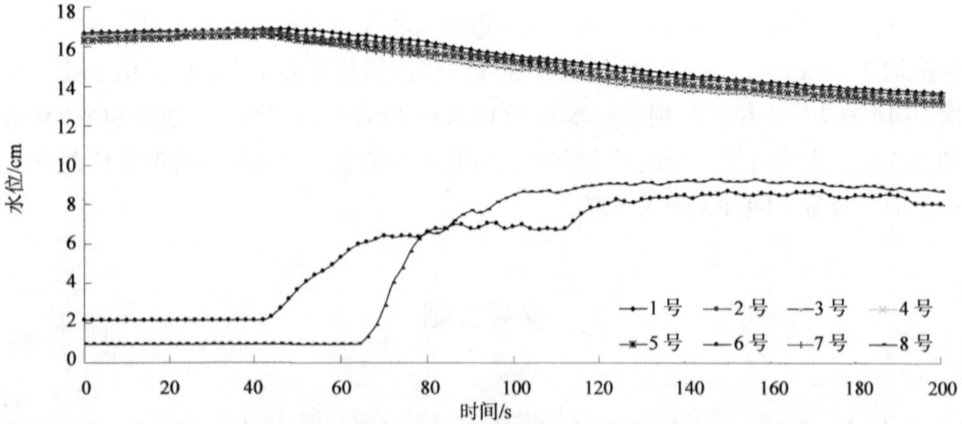

图 3.35 试验组次 3 各测点水位变化过程

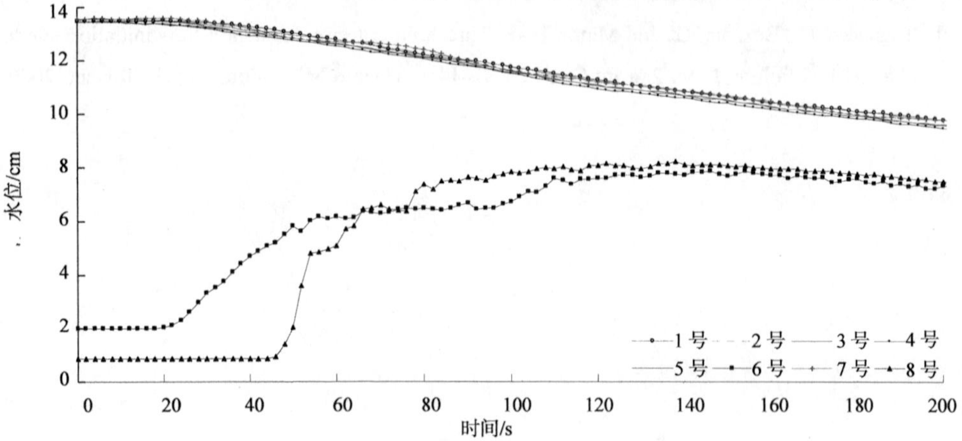

图 3.36 试验组次 4 各测点水位变化过程

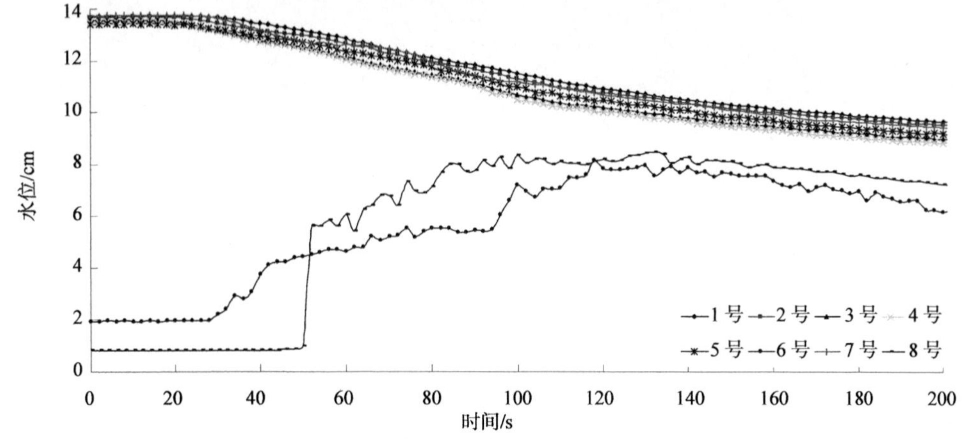

图 3.37 试验组次 9 各测点水位变化过程

从图 3.34 ~ 图 3.37 中可看出，试验组次 1 和 3 流量相差较大，但是堤内水位峰值均在 10cm 左右，而试验组次 1 和 4 尽管流量相差并不大，但是由于试验组次 1 和 4 的初始水位差分别为 14.5cm 和 11.5cm，两者堤内的水位峰值分别为 9.9cm 和 8.3cm。由此可见，堤内的水位峰值与溃堤开始发生时刻堤内外的水位差成正比，而与流量之间并无显著关联。

参考文献

[1] Roland Faeh. Numerical Modeling of Breach Erosion of River Embankments[J]. JOURNAL OF HYDRAULIC ENGINEERING, ASCE, 2007, 9: 1000 - 1009.

[2] Tognacca, C., Bezzola, G., and Minor, H.-E. Threshold criterion for debris-flow initiation due to channel-bed failure. Proc. 2nd Int.Conf. Debris-Flow Hazard Mitigation, Taipeh, Taiwan, 2000, 89 - 97.

第 4 章　平面二维溃堤水流数学模型

天然河道水流运动及物质输移一般都属于三维运动，需要三维数学模型才可真实地模拟其动力过程。因此直接求解描述三维流体运动的 Navier-Stocks 方程所得到的解将是最为真实的解，但是由于目前计算机容量和速度等方面的原因，通常实际的三维水流模型的计算中一般采用 Reynolds 时均方程，使得求解得到的水流运动的准确性大打折扣。即使采用了大量简化和假设，三维问题仍然较为复杂且运算量大，尤其是在大范围、长系列的水沙计算中，往往因计算工作量过大或时间成本过高而难以完全依靠三维模型进行预测。

在河道水流中，水平尺度一般远大于垂向尺度，流速等水力要素沿垂直方向的变化较之沿水平方向的变化要小得多，此时可以略去这些量沿垂线的变化，并假定沿水深方向的动水压强分布符合静水压强分布。将三维流动的基本方程——Navier-Stocks 方程沿水深积分平均，即可得到沿水深方向平均的平面二维流动的基本方程，亦即二维浅水方程。此类问题需具有以下特点：有自由表面，为明渠水流；重力为水流流动的主要驱动力，水流内部及水流与固体边界的摩阻力为水流能量的主要耗散力；水流流速沿垂线近似均匀分布，不必考虑实际存在的对数或指数等形式的垂线流速分布；水平运动尺度远大于垂向运动尺度，垂向流速及垂向加速度可忽略；水压力接近静压分布等。

4.1　二维浅水方程

通过沿水深方向积分 N-S 方程后得到较为完整的浅水二维方程表达式。

连续方程：

$$\frac{\partial h}{\partial t}+\frac{\partial hu}{\partial x}+\frac{\partial hv}{\partial y}=0 \tag{4.1}$$

x 方向运动方程：

$$\frac{\partial hu}{\partial t}+\frac{\partial}{\partial x}\left(hu^2+\frac{1}{2}gh^2\right)+\frac{\partial huv}{\partial y}=gh(s_{0x}-s_{f_x})+\varepsilon\left(\frac{\partial^2 hu}{\partial x^2}+\frac{\partial^2 hu}{\partial y^2}\right)+W_x+C_x \tag{4.2}$$

y 方向运动方程：

$$\frac{\partial hv}{\partial t}+\frac{\partial huv}{\partial x}+\frac{\partial}{\partial y}\left(hv^2+\frac{1}{2}gh^2\right)=gh(s_{0y}-s_{f_y})+\varepsilon\left(\frac{\partial^2 hv}{\partial x^2}+\frac{\partial^2 hv}{\partial y^2}\right)+W_y+C_y \tag{4.3}$$

式中：h 为水深；u 为 x 方向流速分量；v 为 y 方向流速分量；g 为重力加速度；s_{0x}、s_{0y} 分别为 x、y 方向的河道底坡；s_{fx}、s_{fy} 分别为沿 x、y 方向的床面阻力；W_x、W_y 分别为 x、y 方向由于表面风阻力引起的阻力项；C_x、C_y 分别为考虑地球自转的影响在 x、y 方向的分量。

其中，s_{0x}、s_{0y} 表达式分别为

$$s_{0x}=-\frac{\partial z_b}{\partial x},s_{0y}=-\frac{\partial z_b}{\partial y} \tag{4.4}$$

式中：z_b 为河床高程。

s_{fx}、s_{fy} 表达式分别为

$$s_{fx}=\frac{n^2u\sqrt{u^2+v^2}}{h^{\frac{4}{3}}},s_{fy}=\frac{n^2v\sqrt{u^2+v^2}}{h^{\frac{4}{3}}} \tag{4.5}$$

式中：n 为糙率。

W_x、W_y 表达式分别为

$$W_x=C_w\frac{\rho_a}{\rho_m}w^2\cos\alpha,W_y=C_y\frac{\rho_a}{\rho_m}w^2\sin\alpha \tag{4.6}$$

式中：C_w 为无量纲风力系数；ρ_a 为空气密度；ρ_m 为水体密度；w 为风速；α 为风向与 x 方向的夹角。

C_x、C_y 表达式分别为

$$C_x=2v\theta\sin\psi\text{，}\ C_y=-2u\theta\sin\psi \tag{4.7}$$

式中：θ 为地球自转角速度；ψ 为当地维度。

溃堤水流运动较为复杂，其中包含有间断波，给数值模拟造成了一定的困难。且由于水流运动的速度较大，因此相对于惯性项、扩散项、风阻力项以及柯氏力的影响均可以忽略不计，由此给数值模拟带来了很大的方便，这种做法是可以接受的[1]。简化后的方程可写为

$$\frac{\partial U}{\partial t}+\frac{\partial F}{\partial x}+\frac{\partial G}{\partial y}=S(U) \tag{4.8}$$

其中

$$U=\begin{bmatrix}h\\hu\\hv\end{bmatrix},\quad F=\begin{bmatrix}hu\\hu^2+\frac{1}{2}gh^2\\huv\end{bmatrix},\quad G=\begin{bmatrix}hv\\huv\\hv^2+\frac{1}{2}gh^2\end{bmatrix},\quad S=\begin{bmatrix}0\\gh(s_{0x}-s_{f_x})\\gh(s_{0x}-s_{f_y})\end{bmatrix}$$

4.2 方程的离散

4.2.1 Godunov 型格式

平面二维水流控制方程组为非线性双曲方程组。在计算模拟中构造的计算格式，一般要考虑以下几个原则：① 守恒性：满足水量守恒和动量守恒；② 逆风性：水流方程的解具有特征的构造，信息沿特征线传播，逆风性是方程组固有的物理特性，若违背这一原则，则会造成数值计算失稳；③ 可自动捕捉间断：可以计算溃坝、溃堤等包含间断的问题；④ 高精度：满足实际问题的需要，同时要求格式构造时算法尽量简单，编程处理不是很复杂，计算速度快等。

FVM 离散后的浅水方程每个网格上的变量代表了网格的平均值，在网格界面处变量值会产生突变，因此可以被当做黎曼问题列进行求解。Godunov 型格式是 Godunov 于 1959 年求解 Riemann 问题时首先提出来的。1959 年 Godunov 准确求解包含间断的气体动力学问题以得到计算数值通量。但是由于问题的非线性，准确解相当复杂，需要迭代求解。但离散后进行单元的平均计算使准确黎曼解的细节损失，因此不必一定使用繁复的准确黎曼解，允许使用具有足够精度且简便的近似方法求解。因此，近似黎曼解通称为 Godunov 型格式。

Godunov 型格式为特征逆风守恒格式，守恒性由 FVM 方程决定，逆风性由黎曼解决定，精度由状态插值决定。含适应性格式黏性，不必附加人工黏性便可捕捉间断，在实际应用中相当成功[2]。对线性方程，其中许多格式相互等价；而对非线性方程，因近似处理不同而存在一定差别，但基本上只影响到分裂成的若干部分的相对百分数，因而性能差别不太大，往往已足够精确。因而 Godunov 型格式可以作为较为理想的求解浅水方程的数值解法。

Godunov 型格式的思路可大体分为三步：① 重构步。选择状态变量（守恒变量，原始变量或特征变量），根据本时刻已知节点值确定状态变量在控制体内的分布。② 演进步。控制体界面两侧状态变量存在间断，从已知本时刻的间断出发，计算 Δt 内界面通量随时间的变化。演进步的核心是求解黎曼问题，已得到界面两侧的数值通量 F_L 和 F_R，进而最终得到界面处的数值通量 F^*。③ 平衡步。将得到的数值通量 F^* 带入离散后的方程中，进行控制体水量平衡和动量平衡计算，得 $t^{n+1}=t^n+\Delta t$ 时刻的控制体上状态变量的平均值。

4.2.2　控制方程离散及求解

采用基于守恒型方程的 Godnnov 型方法的离散格式，对于二维守恒性浅水方程，离散后的方程可以表示为

$$U_{i,j}^{n+1}=U_{i,j}^{n}-\frac{\Delta t}{\Delta x}\left(F_{i+\frac{1}{2},j}^{*}-F_{i-\frac{1}{2},j}^{*}\right)-\frac{\Delta t}{\Delta y}\left(G_{i,j+\frac{1}{2}}^{*}-G_{i,j-\frac{1}{2}}^{*}\right)+S_{i,j}\Delta t \tag{4.9}$$

式中：$F_{i\pm\frac{1}{2},j}^{*}$ 、$G_{i,j\pm\frac{1}{2}}^{*}$ 分别为 x、y 方向界面处的数值通量；$S_{i,j}$ 为源项；Δt 为时间步长；Δx 、Δy 分别为 x、y 方向空间步长。

其网格布置如图 4.1 所示。

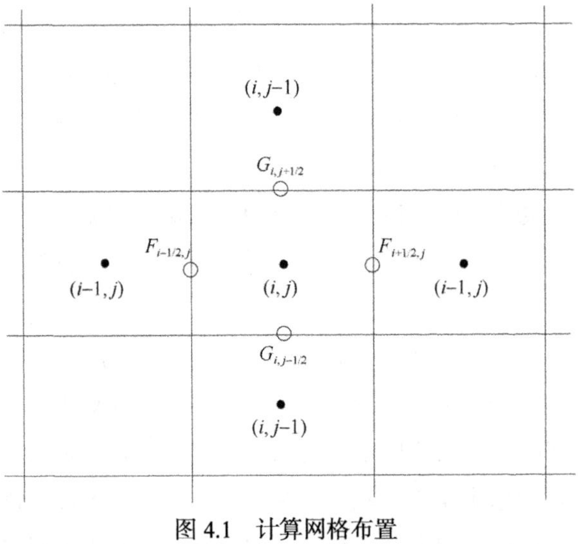

图 4.1　计算网格布置

求解式（4.9）的关键在于构造准确的界面数值通量 $F_{i\pm\frac{1}{2},j}^{*}$ ，$G_{i,j\pm\frac{1}{2}}^{*}$ ，因此形成了多种具有不同精度和分辨率的数值格式[3]，准确的构造界面数值通量首先必须准确的构造界面处的守恒变量。

4.2.3　界面处守恒变量的求解

采用三单元模板 WENO（Weighted Essentially Non-Oscillatory）格式求解界面左右两侧各个守恒变量值。采用 WENO 格式构造界面守恒变量过程如下：

（1）取定一个模板。对于三单元模板，沿 x 方向模板取为 $S_x=(I_{i-1,j}, I_{i,j}, I_{i+1,j})$，沿 y 方向模板取为 $S_x=(I_{i,j-1}, I_{i,j}, I_{i,j+1})$，以下计算均以 x 方向为例，y 方向与之类似。

（2）构造一个多项式，设为 $p(x)$，使其满足：

$$\frac{1}{\Delta x}\int_{x_{j-1/2}}^{x_{j+1/2}} p(x)\mathrm{d}x = \overline{u}_j, j = i-1, i, i+1 \tag{4.10}$$

在所选择的模板上成立。上述模板下多项式 $p(x)$是唯一确定的不超过二次的多项式。可设：

$$p(x) = \overline{p}(\varepsilon) = a_0 + a_1\varepsilon + a_2\varepsilon^2, \varepsilon = \frac{x - x_i}{\Delta x_i} \tag{4.11}$$

三节点模板有三种选择方案，$S_1=(I_{i-2}, I_{i-1}, I_i)$，$S_2=(I_{i-1}, I_i, I_{i+1})$ ，$S_3=(I_i, I_{i-1}, I_{i+2})$。

取模板 S_1 代入式（4.10）得到：

$$\begin{cases} a_0 + \dfrac{1}{12}a_2 = U_i \\ a_0 - a_1 + \dfrac{13}{12}a_2 = U_{i-1} \\ a_0 - 2a_1 + \dfrac{49}{12}a_2 = U_{i-2} \end{cases} \tag{4.12}$$

由式（4.12）可得：

$$a_0 = \frac{23U_i - 2U_{i-1} - U_{i-2}}{24}，\ a_1 = \frac{3U_i - 4U_{i-1} + U_{i-2}}{2}, a_2 = \frac{U_i - 2U_{i-1} + U_{i-2}}{2} \tag{4.13}$$

将式（4.13）回代入式（4.12）得到 $i+\dfrac{1}{2}$ 界面处左边界的守恒变量值为

$$U_{i+\frac{1}{2}} = \frac{11}{6}U_i - \frac{7}{6}U_{i-1} + \frac{1}{3}U_{i-2} \tag{4.14}$$

同理可得，模板 S_2 在边界处的守恒变量为

$$U_{i+\frac{1}{2}} = \frac{1}{3}U_{i+1} + \frac{5}{6}U_i - \frac{1}{6}U_{i-1} \tag{4.15}$$

模板 S_3 在边界处的守恒变量为

$$U_{i+\frac{1}{2}} = -\frac{1}{6}U_{i+2} + \frac{5}{6}U_{i+1} + \frac{1}{3}U_i \tag{4.16}$$

如果某点包含在间断附近，即包含间断单元，数值计算结果会出现震荡，在谱方法中把这种震荡现象称为 Glibbs 现象。为了避免这种现象，应尽量避免在所选择的模板中包含间断，这样可以有效的抑制非物理震荡，这就是 ENO 格式的核心思想。对于以上三种模板所得到的计算结果采用牛顿差商绝对值的大小判断单元内函数的光滑程度，尽可能选差商绝对值较小的模板，以有效地避免数值震荡。但是这样就会使很多中间计算成果被舍弃，其结果是降低了计算结果的精度。

为了充分利用所得到的中间结果，WENO 方法以 ENO 方法为基础，利用所有模板的凸组合，将数值计算精度从 k 阶提高至 k-1 阶（k 为单个模板所包含的单元数），且避免了 ENO 格式中由于在相邻点处模板的改变导致数值通量的不连续。

WENO 格式是利用式（4.14）～式（4.16）所得到的所有 $U^{(r)}_{i+\frac{1}{2}}(r=1,2,3)$ 值的凸组合来计算 $U(x_{i+\frac{1}{2}})$：

$$U_{i+\frac{1}{2}}=\sum_{r=1}^{3}w_rU^r_{i+\frac{1}{2}} \tag{4.17}$$

并且为了满足稳定性和相容性，要求：

$$w_r\geqslant 0\ ,\quad \sum_{r=1}^{3}w_r=1 \tag{4.18}$$

进一步，如果变量 $U(x)$在所有模板中均是光滑函数，则存在常数 d_r，使得

$$U_{i+\frac{1}{2}}=\sum_{r=1}^{3}d_rU^r_{i+\frac{1}{2}}=U(x_{i+\frac{1}{2}})+O(\Delta x^{2k-1}) \tag{4.19}$$

当 k=3 时，可以求得 $d_1=\dfrac{3}{10},d_2=\dfrac{3}{5},d_3=\dfrac{1}{10}$。

很容易看出，由于相容性 $\sum_{r=1}^{3}d_r=1$，在光滑情形下，有如下关系：

$$w_r=d_r+O(\Delta x^2),\quad r=1,2,3 \tag{4.20}$$

又因为 $\sum_{r=1}^{3}w_rU^{(r)}_{i+\frac{1}{2}}-\sum_{r=1}^{3}d_rU^{(r)}_{i+\frac{1}{2}}=\sum_{r=1}^{3}(w_r-d_r)\left[U^{(r)}_{i+\frac{1}{2}}-U\left(x_{i+\frac{1}{2}}\right)\right]=\sum_{r=1}^{3}O(\Delta x^2)O(\Delta x^3)$ $=O(\Delta x^5)$，因此三单元 WENO 格式中蕴藏着 5 阶精度，计算较 ENO 格式有大幅提高，即

$$U_{i+\frac{1}{2}}=\sum_{r=1}^{3}w_rU^{(r)}_{i+\frac{1}{2}}=U\left(x_{i+\frac{1}{2}}\right)+O(\Delta x^5) \tag{4.21}$$

WENO 格式中，权函数 w_r 应该光滑，并且当模板包含间断时，w_r 应取为 0。为了计算的有效性，刘儒勋等[4]经过广泛的实验验证建议采用如下形式的权函数：

$$w_r=\frac{a_r}{\sum_{s=1}^{3}a_s},\quad r=1,2,3 \tag{4.22}$$

其中

$$a_r=\frac{d_r}{(\varepsilon+\beta_r)^2},\quad r=1,2,3 \tag{4.23}$$

此处 $\varepsilon>0$，一般可取为 $\varepsilon=10^{-6}$，引入这一系数的目的是为了避免某些情况

下分母为 0 而导致计算无法进行下去。β_r 称为“光滑因子”。假设模板 $S_r(i)$ 上的重构多项式为 $p_r(x)$，则通过广泛的实验验证，可以选择如下的 β_r 计算式[5]：

$$\beta_r = \sum_{l=1}^{3} \int_{x_{i-\frac{1}{2}}}^{x_{i+\frac{1}{2}}} \Delta x^{2l-1} \left[\frac{\partial^l p_r(x)}{\partial x^l} \right]^2 \mathrm{d}x \tag{4.24}$$

经过计算后，得到三单元模板的“光滑因子”分别为

$$\begin{cases} \beta_1 = \dfrac{13}{12}(U_{i-2} - 2U_{i-1} + U_i)^2 + \dfrac{1}{4}(U_{i-2} - 4U_{i-1} + 3U_i)^2 \\ \beta_2 = \dfrac{13}{12}(U_{i-1} - 2U_i + U_{i+1})^2 + \dfrac{1}{4}(U_{i-1} - U_{i+1})^2 \\ \beta_3 = \dfrac{13}{12}(U_i - 2U_{i+1} + U_{i+1})^2 + \dfrac{1}{4}(3U_i - 4U_{i+1} + U_{i+2})^2 \end{cases} \tag{4.25}$$

若 $U_{i,j}$ 连续可导，则将 β_r 用 Taylor 展开式表达为

$$\beta_r = (\Delta x U'_{i,j})^2[1 + O(\Delta x^2)], \quad r = 1,2,3 \tag{4.26}$$

由此可见，当模板中函数变化梯度较大甚至存在间断时，$\beta_r \to \infty$，则由式（4.23）得到 $\alpha_r \to 0$，进而由式（4.22）得到，此模板在整个组合中所占的权重 $w \to 0$，因此间断点会被自动过滤掉。

4.2.4 界面数值通量

通过 WENO 方法计算得到的只是界面处的守恒变量，还需要进一步通过计算得到界面数值通量。WENO 格式的数值通量 $F\left(U^-_{i+\frac{1}{2}}, U^+_{i+\frac{1}{2}}\right)$ 需要满足如下几个性质：

① $F(*,*)$ 是 Lipshitz 连续的；② 具有相容性，即 $F(U,U) = F(U)$；③ 具有单调性，$F(U_1,U_2)$ 对第一个变量 U_1 非减，对第二个变量 U_2 非增。

采用 Roe 方法所得的界面数值通量可以满足上述要求。Roe 针对齐次非线性守恒方程提出了一种线性化的近似解法，称之为 approximate Riemann solver。其基本思想是构造守恒律方程组的流通量函数 $F(U)$ 的一个满足三项条件的常数矩阵 $\tilde{A}(U_l,U_r)$：① 相容性，即当 $U_l,U_r \to U, \tilde{A}(U_l,U_r) \to A(U)$；② 相似性，即 $\tilde{A}(U_l,U_r)\cdot(U_r,U_l) = F_r - F_l$；③ 线性无关性，$\tilde{A}(U_l,U_r)$ 的特征向量 $\tilde{w}_k(k = 1,2,\cdots,n)$ 是线性无关组。$\tilde{A}(U_l,U_r)$ 代替原来的 Jacobi 矩阵 $A(U)$，将复杂的非线性问题转化为线性化问题。为此 Roe 提出了构造这种非线性化近似矩阵的原则，$\tilde{A}(U_l,U_r)$ 要求具有“U”性质。

针对线性化矩阵所具有的特征，Roe 提出如下途径来构造符合要求的线性化矩阵：

（1）引入参向量 w、$\tilde{w}$ 分别对应矩阵 Jacobi 矩阵 A 和线性化后的矩阵 $\tilde{A}(U_l,U_r)$，这种参向量在这里只是起一种过渡的作用。

（2）利用对间断跳跃的参向量的展开，确定 $\tilde{A}(U_l,U_r)$：

$$\left.\begin{aligned}[U]=U_r-U_l=\tilde{B}(w_r-w_l)\\ F(U)=F_r-F_l=\tilde{C}(w_r-w_l)\end{aligned}\right\}\Rightarrow \tilde{A}(U_l-U_r)=\tilde{C}\tilde{B}^{-1} \tag{4.27}$$

（3）利用上一步中所确定的 $\tilde{A}(U_l,U_r)$ 可以求出其特征值 $\tilde{\lambda}_k$ 和特征向量 $\tilde{e}_k(k=1,2,\cdots,n)$。

（4）对于未知函数的跳跃量均用上一步中所求得特征向量表示

$$[U]=U_r-U_l=\sum_{k=1}^{n}\tilde{\alpha}_k\tilde{e}_k \tag{4.28}$$

（4）确定数值流量的特征表示。双曲守恒律 Riemann 问题的数值通量可以表示为

$$F(U)=\frac{1}{2}[F(U_l)+F(U_r)-|A|(U_r-U_l)] \tag{4.29}$$

将式（4.28）代入式（4.29）可得数值流量的特征表达式为

$$F[U]=\frac{1}{2}\left[F(U_l)+F(U_r)-\sum_{k=1}^{n}\tilde{\alpha}_k|\tilde{\lambda}_k|\tilde{e}_k\right] \tag{4.30}$$

根据以上所述数值通量的构造原则和方法，对于二维浅水方程其界面通量的构造过程如下：

首先由方程式（4.8）得到 Jacobi 矩阵 f、g：

$$f=\frac{\partial F}{\partial U}=\begin{bmatrix}0 & 1 & 0\\ c^2-u^2 & 2u & 0\\ 0 & 0 & u\end{bmatrix},g=\frac{\partial G}{\partial U}=\begin{bmatrix}0 & 1 & 0\\ 0 & v & 0\\ c^2-v^2 & 0 & 2v\end{bmatrix} \tag{4.31}$$

并通过运算得到 f、g 的特征值和特征向量如下。

矩阵 f 特征值：

$$\lambda_1^f=u-c,\lambda_2^f=u,\lambda_3^f=u+c \tag{4.32}$$

f 特征向量：

$$w_1^f=\begin{bmatrix}1\\ u-c\\ v\end{bmatrix},w_2^f=\begin{bmatrix}0\\ 0\\ c\end{bmatrix},w_3^f=\begin{bmatrix}1\\ u+c\\ v\end{bmatrix} \tag{4.33}$$

矩阵 g 特征值：

$$\lambda_1^g=v-c,\lambda_2^g=v,\lambda_3^g=u+c \tag{4.34}$$

g 特征向量：

$$w_1^g = \begin{bmatrix} 1 \\ u \\ v-c \end{bmatrix}, w_2^g = \begin{bmatrix} 0 \\ -c \\ 0 \end{bmatrix}, w_3^g = \begin{bmatrix} 1 \\ u \\ v+c \end{bmatrix} \tag{4.35}$$

其中波速 c 的表达式如下：

$$c = \sqrt{gh} \tag{4.36}$$

特征值及特征向量中均含有 u、v、c 三个变量，选取参向量需能表达出这三个变量，因此可取参向量为

$$w = \begin{bmatrix} \sqrt{h} \\ u\sqrt{h} \\ v\sqrt{h} \end{bmatrix} \tag{4.37}$$

将式（4.37）代入式（4.27）得到分别对应于 x、y 方向数值通量向量 $F(U)$、$G(U)$ 线性化系数矩阵 $\tilde{A}_x(U_l,U_r)$ 、$\tilde{A}_y(U_l,U_r)$ ，并得到其特征值和特征向量，分别为

$\tilde{A}_x(U_l,U_r)$ 特征值：

$$\lambda_1^x = \bar{u} + \bar{c}, \lambda_2^x = \bar{u}, \lambda_3^x = \bar{u} - \bar{c} \tag{4.38}$$

$\tilde{A}_x(U_l,U_r)$ 特征向量：

$$e_1^x = \begin{bmatrix} 1 \\ \bar{u}+\bar{c} \\ \bar{v} \end{bmatrix}, e_2^x = \begin{bmatrix} 0 \\ 0 \\ \bar{c} \end{bmatrix}, e_3^x = \begin{bmatrix} 1 \\ \bar{u}-\bar{c} \\ \bar{v} \end{bmatrix} \tag{4.39}$$

将式（4.39）代入式（4.28）得到：

$$\begin{cases} \alpha_1^x = \dfrac{1}{2\bar{c}}[\Delta(hu) - (\bar{u} - \bar{c})\Delta h] \\ \alpha_2^x = \dfrac{1}{\bar{c}}[\Delta(hv) - \bar{v}\Delta h] \\ \alpha_3^x = \dfrac{1}{2\bar{c}}[(\bar{u} + \bar{c})\Delta h - \Delta(hu)] \end{cases} \tag{4.40}$$

$\tilde{A}_y(U_l,U_r)$ 特征值：

$$\lambda_1^y = \bar{v} + \bar{c}, \lambda_2^f = \bar{u}, \lambda_3^f = \bar{v} - \bar{c} \tag{4.41}$$

$\tilde{A}_y(U_l,U_r)$ 特征向量：

$$e_1^y = \begin{bmatrix} 1 \\ \bar{u} \\ \bar{v}+\bar{c} \end{bmatrix}, e_2^y = \begin{bmatrix} 0 \\ -\bar{c} \\ 0 \end{bmatrix}, e_3^y = \begin{bmatrix} 1 \\ \bar{u} \\ \bar{v}-\bar{c} \end{bmatrix} \tag{4.42}$$

将式（4.42）代入式（4.28）得到：

$$\begin{cases} \alpha_1^y = \dfrac{1}{2c}[\Delta(hv) - (\overline{v} - \overline{c})\Delta h] \\ \alpha_2^y = \dfrac{1}{c}[\overline{u}\Delta hv - \Delta(hu)] \\ \alpha_3^x = \dfrac{1}{2c}[(\overline{v} + \overline{c})\Delta h - \Delta(hv)] \end{cases} \tag{4.43}$$

其中，

$$\overline{u} = \frac{\sqrt{h_r u_r} + \sqrt{h_l u_l}}{\sqrt{h_r} + \sqrt{h_l}}, \overline{v} = \frac{\sqrt{h_r v_r} + \sqrt{h_l v_l}}{\sqrt{h_r} + \sqrt{h_l}}, \overline{c} = \sqrt{\frac{1}{2}g(h_r + h_l)} \tag{4.44}$$

将式（4.38）~ 式（4.44）代入式（4.30）即可得到界面数值通量。

4.2.5　源项的处理

4.2.5.1　源项的整体离散格式

以上采用 WENO 格式得到的界面守恒变量和数值通量都是针对齐次守恒型方程得到的，因此浅水方程式（4.8）中的源项需单独计算，原方程可被分裂为如下两个方程，且被认为是一种合适的处理方式[6]。

对流方程：

$$\frac{\partial U}{\partial t} + \frac{\partial F(U)}{\partial x} + \frac{\partial G(U)}{\partial x} = 0 \tag{4.45}$$

常微分方程：

$$\frac{\mathrm{d}U}{\mathrm{d}t} = S(U) \tag{4.46}$$

偏微分方程的解 $U^{(adv)}$ 已通过 WENO 格式离散后得到，对于源项即常微分方程式（4.46）的求解将成为数学模型成败的关键。由于源项的复杂性，难以直接求解析解，因此有众多的学者对于这一问题进行了深入的研究，总体可以分为两种方法。

第一种方法：对于源项 $S(U)$ 仿照 Roe 平均通量差分裂格式进行分解[7-11]，对于浅水方程式（4.8）主要是对底坡项进行离散，得

$$\overline{S} = \int_{V_i} S(U)\mathrm{d}V = \sum_{j=0}^{Ne}\sum_{k=1}^{3}(\beta^k r^k \Delta l_{ij})^j \tag{4.47}$$

摩阻项对于格式的稳定有较大的影响，需对其采用隐式或半隐式格式进行处理，用系数 θ 来衡量 $n+1$ 时刻的影响，$1-\theta$ 来衡量 n 时刻的影响，则摩阻项可以表示为

$$s_f=(1-\theta)s_f^n+\theta s_f^{n+1}=s_f^n+\theta\frac{\partial s_f}{\partial U}\frac{\partial U}{\partial t}\Delta t \tag{4.48}$$

$\theta=0$ 为完全显式，$\theta=1$ 为完全隐式。

这种对源项的处理方式具有较强的针对性，但由于不同的问题或计算精度的需要增加新的源项，先前对于源项的离散失去效用，因此这种处理方式不具有通用性,且由于需要对摩阻项等不包含偏导数项的离散需要采用半隐或者全隐格式，给方程的数值求解带来一定的困难。

第二种方法：源项的计算处理方式是直接采用 Runge-Kutta 方法对常微分方程进行离散[5]，具有 TVD 性质的具有如下形式的 Runge-Kutta 型时间离散格式是较为受到关注的，即

$$U^{(i)}=\sum_{k=0}^{i-1}[\alpha_{ik}U^{(k)}+\Delta t\beta_{ik}L(U^k)],i=1,\mathrm{L}\ ,m \tag{4.49}$$

其中 $U^{(0)}=U^n$，$U^{(m)}=U^{n+1}$，$L(U)$是 $S(U)$的逼近。

此方法将源项作为整体进行处理，不需要拆分，因此具有较强的通用性和可以控制的精度。只要时间步长取值合理，可以保证计算的稳定性。

因此，最终采用具有 TVD 性质的 Runge-Kutta 方法对计算源项的常微分方程进行离散。为了不降低整个计算的精度，同时考虑到计算量和计算速度，对于时间离散采用三阶 Runge-Kutta 型离散格式，即

$$\begin{cases}U^{(1)}=U_{adv}+\Delta tS(U_{adv})\\U^{(2)}=\dfrac{3}{4}U_{adv}+\dfrac{1}{4}U^{(1)}+\dfrac{1}{4}\Delta tS[U^{(1)}]\\U^{n+1}=\dfrac{1}{3}U_{adv}+\dfrac{2}{3}U^{(2)}+\dfrac{1}{2}\Delta tS[U^{(2)}]\end{cases} \tag{4.50}$$

式中：U_{adv} 为根据对流方程得到的守恒变量值；U^{n+1} 为最终得到的下一时刻的计算值。本书模型中采用具有 TVD 性质的 Runge-Kutta 方法处理源项。

4.2.5.2 底坡项处理方式

守恒型二维浅水方程能够保证数值计算的守恒性，但是同时也带来另外的问题：当河道地形较为复杂时，即使在恒定流状态下，单元左右界面处的数值通量之差仍然存在且不为 0，需要靠源项来平衡。假设如下一种经典的问题，经常被用来检验源项尤其是堤坡项的处理是否得当。

假设水流处于水槽中，槽底坡度为（x 轴方向）1‰，水槽两端均是封闭的。实际情况下处于这种状况下的水流是不存在流动的，即

$$u=0, \quad v=0, \quad z=\text{constant} \tag{4.51}$$

则连续方程式（4.1）可简化为

$$\frac{\partial h}{\partial t}=0 \tag{4.52}$$

x 方向运动方程可简化为

$$\frac{\partial}{\partial x}(\frac{1}{2}gh^2)=-gh\frac{\partial z_b}{\partial x} \tag{4.53}$$

而 y 方向运动方程自动得到满足。

从上面的简化方程可以看到连续方程是符合物理意义的，水深不会随时间而改变，问题的关键则在于 x 方向运动方程。原控制方程两端相等，即 $\frac{\partial}{\partial x}(\frac{1}{2}gh^2)=gh\frac{\partial h}{\partial x}=gh\frac{\partial(z-z_b)}{\partial x}=-gh\frac{\partial z_b}{\partial x}$，但是由于源项的离散方式不同于对流项，即使采用相同的离散方式仍然会产生一些虚拟的流动，甚至会因此而造成整个计算的失稳，导致解不具有和谐性。

采用Godunov型格式离散对流方程后如何使源项能够和对流项的结果保持和谐，有关学者对这一问题进行较为细致的研究，目前大致的处理思路分以下两种。

（1）源项（底坡项）：通量梯度平衡法。这一方法首先由 R. J. LeVeque 提出[12-13]，其主体思想是在单元格中心处引入一个新的间断，不再将单元的中心值当做单元的平均值，而是将计算单元分为两部分，其上变量值可分别记为 Q_i^+ 和 Q_i^-，且满足：

$$\frac{1}{2}(Q_i^+ + Q_i^-)=Q_i \tag{4.54}$$

式（4.54）确保了计算单元上变量的平均值未受影响，构造出的 Q_i^+ 和 Q_i^- 还须满足：

$$f(Q_i^+)-f(Q_i^-)=S(Q_i,x)\Delta x \tag{4.55}$$

式（4.55）意味着在新的间断处求解 Riemann 问题所得到的结果可以完全抵消源项所带来的影响。这样做的结果是相当于把源项直接加入到对流项里通过 Godunov 型格式进行求解，避免了由于不同计算格式或对源项单独处理所造成的差异。此方法的关键在于如何构造单元格中心处的跳跃量 δ_i，依照上述规则通过演算后可得到 δ_i 满足：

$$U_i^2\left(\frac{1}{h_i+\delta_i}-\frac{1}{h_i-\delta_i}\right)+gh_i(2\delta_i+\Delta z_{bi})=0 \tag{4.56}$$

通过简单的迭代即可得到 δ_i 值。这种方法物理概念明确，计算简单，不需要对方程和计算方法做重大的修改，是一种较好地处理方式。但是也存在一定的局限性，只能用于整个计算区域均是急流或缓流的情况，若急缓流并存则计算会失效。而溃堤问题正是存在急流（溃口附近）的同时也存在缓流（河道里），因此这种方法无法适应溃堤水流计算。

（2）通过将水深和水位建立联系来保证源项离散的和谐性。J.D.Zhou 等[14]提出的“水面梯度法”（Surface Gradient Method, SGM）和许为厚等[15]提出的“水位方程法”（Water Level Formulation, WLF）是其中最具代表性的方法。

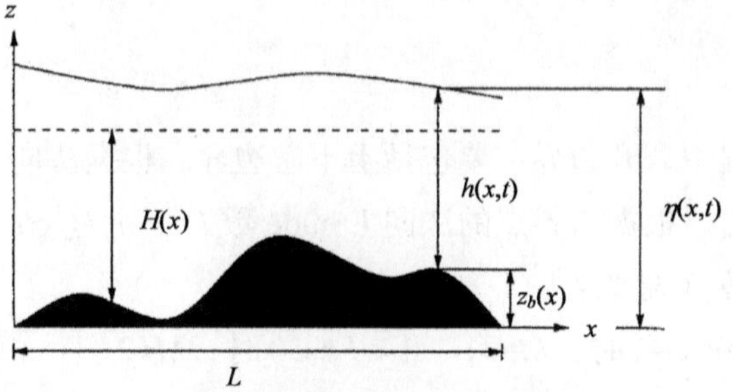

图 4.2 河道纵剖面示意图

如图 4.2 所示，SGM 方法首先需要确定水位，即

$$\eta(x,t)=h(x,t)+z_b(x) \tag{4.57}$$

将水位在局部单元上进行线性重构，得到：

$$\eta=\eta_i+(x-x_i)\Delta\eta \tag{4.58}$$

河底高程采用同样的方法进行重构。计算中对于势能 gh 的重构均采用 $g(\eta-z_b)$ 代替。SGM 方法不需要直接改变控制方程，只是在计算水深时采用水位代替，较为简单易行。

许为厚等提出的 WLF 方法直接从控制方程着手，采用水位和河底高程的差值代替水深，将控制方程中所有涉及的水深 h 均采用 $\eta-z_b$ 代替，然后再进行离散求解。实际上这两种方法的本质是相同的，都是不单考虑水深的影响，同时也考虑了河底高程变化所造成影响，从而保证了计算的稳定性，只是 SGM 方法在离散过程中采用水位与河底高程的差值代替水深，而 WLF 方法则直接在控制方程中加以改变，概念更加清晰，但两者的计算结果是相同的[16]。

4.3 边界处理方法

计算的边界大体可以分为两种类型：时间边界（初值）和空间边界（边值）。

计算格式主要是针对内部单元的计算，对于边界单元的计算还需要单独的处理，不当的边界处理可能会将误差代入到内部单元的计算中，从而导致计算失稳或者失真，因此边界单元的处理对于整个计算结果的合理性和稳定性是非常重要的。初值的选取一般比较简单，对于非恒定流计算一定要给定合理的初值，否则计算结果将失真。对于恒定流则可以通过给定虚拟的初值条件经过数次的迭代后得到合理的计算结果。由于一般情况下很难事先测定计算区域各处的流动形态，因此非恒定流计算的初值条件可以通过恒定流的演算后得到。边值条件的选取则要复杂一些，因此需要重点研究和讨论。

4.3.1　开边界

二维浅水方程中，开边界主要包括上下游边界。根据法向一维流动来确定物理边界条件的数目。根据边界点的法向 Froude 数 $Fr = u_n / \sqrt{gh}$ 判断流态，而后可得到物理边界的数目 M 为：

入流边界：$Fr < -1$ 时，M=3；$-1 < Fr < 0$ 时，M=2。

出流边界：$0 < Fr < 1$ 时，M=1；$1 < Fr$ 时，M=0。

其中，第一种情况（M=3）要同时给定水深、流向和流量；第二种情况（M=2）或给定流速（或全流）向量，或给定水位和切向流速（如边界线与流速向量保持正交则切向流速为零，否则要由上游水域计算得到）；第三种情况（M=1）给定水深或法向全流。由计算经验，最好是入流点给流量而出流点给水位，如此则每一情况下物理边界条件只有一种形式。

对于边界的处理方法很多，如平移法、输出特征法、相容条件法、完全特征法等。本书采用特征输出关系来计算边界未知量。如给定水位过程，则可利用输出特征上形心和边界点的黎曼不变量相等的条件，得到：

$$\frac{\mathrm{d}}{\mathrm{d}t}(u \pm 2c) = S(U) \tag{4.59}$$

$$u_B + \mathrm{sign}(c) \cdot 2\sqrt{gh_B} = u_L + \mathrm{sign}(c) \cdot 2\sqrt{gh_L} + S(U) \tag{4.60}$$

式(4.60)右边为 t_n 时的已知值，左边为 t_{n+1} 时边界点的值。将 h_B^{n+1} 代入等式解出 U_B^{n+1}，便可应用物理通量公式计算 F_B。此算法较简单，$S(U)$为源项，若用于边界附近为光滑平底等宽的情况，可忽略此项的影响，否则等式右边应加上源项的修正项。

4.3.2　动边界（干湿边界）

在平面二维数值模拟中，无论采用哪种格式，动边界问题是模拟中的主要难点之一。模拟中对动边界的处理方法主要有两种思路：一种思路是让整个计算区域都参与计算，通过一些处理技巧对于无水网格进行处理，可大大简化程序，常用的处理方法有窄缝法、最小水深法、冻结法和水位平铺假设法[17-21]；另一种思路是准确追踪动边界的位置，把计算区域分为有水区域和无水区域分别进行计算和处理，这种方法在理论上是比较严谨的，同时可以避免由于干单元上的一些处理不当而造成的数值结果失真。以 x 方向为例，采用如图 4.3 方式追踪并处理动边界。

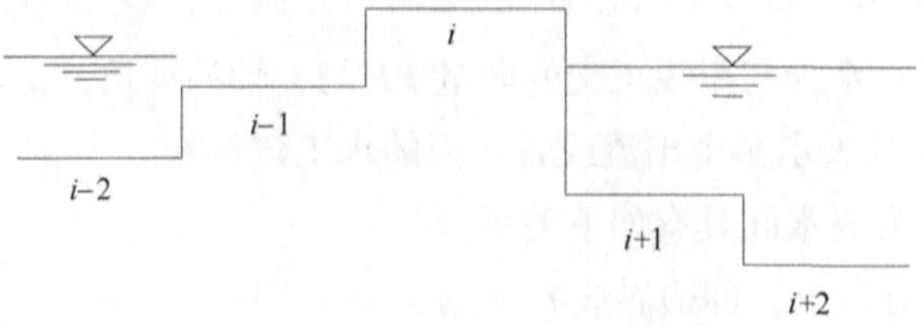

图 4.3 干湿单元判别示意图

（1）首先需对计算单元进行分类，判断干湿单元，找出干湿边界。如图 4.3 所示，在某一个时刻的各计算单元的水深分布，其中 i-1 和 i 单元均处于无水状态，而 i-2、i+1 和 i+2 单元均有水，对于干湿边界的判断可分为以下几种情况：① i-2、i+1 和 i+2 单元本身有水，则可继续参与正常计算；② i-1 单元本身处于无水状态，但是由于其左侧单元 i-2 有水且水位已超过 i-1 单元的河底高程，此处即为干湿边界；③ i 单元本身处于无水状态，其左右两侧单元 i-1、i+1 水位均低于 i 单元河底高程，因此本次计算中 i 仍为干单元，不参与计算。

（2）对于干湿边界单元计算的处理。首先给 i-1 单元（干湿边界单元）赋值一个极小水深 $h_{\min}$，定义一个次小水深 h_{tol}，一般可取 $h_{\mathrm{tol}}=10h_{\min}$[22]，本次计算中此单元即可参与计算。若水深小于 h_{tol} 则只计算单元格中水位的变化，流速通量设置为 0，以防止出现小水深大流速的失真现象。

4.3.3 不规则边界（固壁边界）

对于一般的计算区域，其水流边界一般是不规则的，最常见的就是不规则的河岸边界。因此采用矩形网格在处理这些不规则边界时具有一定的困难，一般是把不规则的曲线边界概化成阶梯状，这种阶梯状的边界并不能完全吻合实际的边界线，若此时进行边界计算，需要采取一定的处理方式，否则往往造成较大的误差。

边界对称点处理法的提出为解决这一问题提供了解决思路[23]。边界对称点处理法的基本思想就是假设在流场外部一个虚假的流动，使虚实流动在边界处产生一个与实际边界作用（即法向流量为零或某个给定流量）相通的效果。实际计算表明，只要适当的设定了虚拟流动，原来的曲线边界就可以完全抛开，用矩形网格就可以模拟出不规则边界的影响。

假设 Γ 是一条任意的固壁边界线，P'节点为域外垂直距离最靠近边界的节点，P 为域内与 P'对称点，A 是 PP'连线与边界线 Γ 的交点，则 $d_P = |PA| = |P'A|$。

假设流出边界的单宽流量为某个定值 q，则

$$Q_N = q \tag{4.61}$$

式中：$Q_N = Q_x\cos\theta + Q_y\sin\theta$，为岸线法向单宽流量，$Q_x$、$Q_y$ 分别为流量沿 x 和 y 方向的分量；θ 为与岸线正交的向量 PP'与 x 轴的夹角；$q = 0$ 表示实际的岸边界；$q \neq 0$ $q \neq 0$ 表示某个出流或者入流的水工建筑物。

P 与 P'的水力要素间具有如下关系：

与 PP'垂直方向上，即边界线 Γ 上 A 点的切向：

$$Q_{Pt} = Q_{P't} = 0 \tag{4.62}$$

式（4.62）表示无滑移流动的边界条件。

沿 PP'方向上：

$$Q_{Pn} = 2q - Q_{P't} \tag{4.63}$$

式（4.63）表示节点 P'的法向流量是其对称点 P 的法向流量及过岸流量 q 的线性外推。由于 $|PA| = |P'A|$，所以在 A 点正好有：

$$Q_{An} = q \tag{4.64}$$

式（4.64）保证了虚拟流动与实际流动的物质平衡。另外还需保证虚拟流动与实际流动方向的动力平衡，即

$$Z_{P'} = Z_P + \int_0^{2d_P}\left(\frac{Q_T}{gH} - \frac{mQ_N}{CH^2} - \frac{Q_T}{gH^2}\frac{\partial q}{\partial t} + \frac{q}{H}\frac{Q_{Pn} - q}{d_P}\right)\mathrm{d}s \tag{4.65}$$

其中

$$m = \sqrt{Q_x^2 + Q_y^2} \tag{4.66}$$

实际计算中可取：

$$\begin{bmatrix} Q_x \\ Q_y \end{bmatrix}_{P'} = \begin{bmatrix} -\cos 2\theta & -\sin 2\theta \\ \sin 2\theta & \cos 2\theta \end{bmatrix}\begin{bmatrix} Q_x \\ Q_y \end{bmatrix}_P + 2q\begin{bmatrix} \cos\theta \\ \sin\theta \end{bmatrix} \tag{4.67}$$

所有涉及点 P 的量，都用其所在单元节点的插值给出。

对于边壁较为规则的计算区域（边壁可用数学函数表达），可采用以上的对称点处理法，通过边壁找到内部的对称点，但河道的平面形态呈现出千差万别极不规则的形态，大多数河道的岸壁并不能或无法采用函数表达，使得对称点处理法

在运用上受到了极大的限制。因此本书对对称点处理法进行了改进，提出了一种较容易实现的直接镜像法，即在采用矩形网格时，在每个计算方向的边界处采用对称点处理法，对称面为计算网格的边界而不需要寻找精确的河岸边壁，在网格不是很粗的情况下不会产生较大的误差。

以 x 方向为例，当程序判断此网格即为边壁以外区域外紧挨着有水的网格时，如图 4.4 所示，i 单元无水，为固壁单元，$i+1$ 单元有水流过，且其 x、y 方向流速分别为 u 和 v，水深为 h。此时可采用直接镜像法给 i 单元的流动要素赋值，x 方向流速为$-u$，y 方向流速为 v，水深为 h，保证了固壁处法向通量为 0，不会产生物理上的失真。且只有在计算紧挨着固壁的 $i+1$ 单元时才给 i 单元赋此值，计算其他单元时 i 单元仍然保持为无水状态，即不存在流动要素，$u=v=h=0$，从而保证了无外部源项的引入，否则计算过程中即使在沿 x 方向的直河段也可能会出现 y 方向的流速，这是不合理的，采用上述处理即可消除。

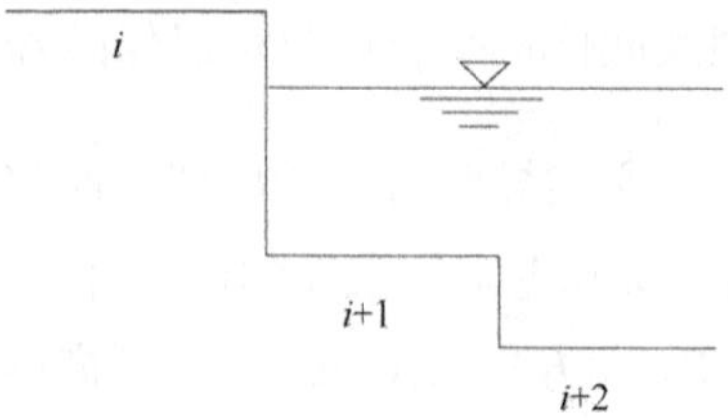

图 4.4 不规则边界点示意图

4.3.4 不规则水下地形

浅水方程的数值求解中常用于计算含间断的水流运动的方法大部分借鉴了空气动力学中的 Euler 方程的数值解法，因为两者具有相同的数学形式。采用 Riemann 问题近似解法求解偏微分方程的方法也最先起源于空气动力学，之后被众多学者移植到浅水方程中，并在一些比较简化的条件下证明了此方法对于浅水运动的适应性。但是若应用于复杂一些的状况下则可能会出现一些问题，这主要还是由于浅水运动方程并不同 Euler 方程，两者虽具有相同的数学实质，却描述了不同的物理现象。以本书模型中所采用的 Roe 的 FDS 方法为具体例子进行说明。

假设初始状态时水流处于静止状态，且上游来流量为 0。实际问题中若忽略了表面风力，此水体必然一直处于静止状态。此问题是检验数值格式时采用的经典算例之一，若计算格式能够保持这种水体的静止状态，则称格式具有 Z 性质，即数值格式能够精确计算出静止区域水体中的各种物理量[14]。平底状况下大部分数值格式（包括 FDS 格式）都能准确的模拟这一过程，这也是被很多学者检验过的情况。若河底高程存在高差，Z 性质则难以维持。

最明显的差别出现在连续方程中。当静止初始状态给定时，即水位 η=常数，$hu=hv=0$。采用 FDS 的离散格式，式（4.30）~式（4.44），化简后得到：

$$h_i^1 = h_i^0 + \left(\Delta h_{i+\frac{1}{2}} - \Delta h_{i-\frac{1}{2}} \right) \tag{4.68}$$

其中 $\Delta h_{i+\frac{1}{2}} = \left(h_r - h_l\right)_{i+\frac{1}{2}}$。

由此可见，当计算地形为平底时，$\Delta h_{i+\frac{1}{2}} = \Delta h_{i-\frac{1}{2}} = 0$；当地形具有一定的坡度且底坡为一恒定值时，$\Delta h_{i+\frac{1}{2}} = \Delta h_{i-\frac{1}{2}} \neq 0$，两者之差仍然为 0。此时各点水深及水位均不会发生变化，仍能维持恒定。但是天然情况下的地形并不都是平底或者底坡为定值，而更多的是河底起伏不平，此时难以保障 $\Delta h_{i+\frac{1}{2}} - \Delta h_{i-\frac{1}{2}} = 0$，也就是水位已经由此而产生了落差，必然导致流动的出现。换句话说，若直接采用此算法则会导致虚假流动的产生。实际上虚假流动的产生并不是由于 FDS 格式本身不具有 Z 性质，而是由于浅水运动方程与 Euler 方程所描述的物理现象之间的差别所造成的。

水波是一种重力波，因此与地形具有紧密的关系，而空气是以惯性波的形式在传播，并不仅仅依赖于地形。浅水方程中，为了与 Euler 方程具有相同的数学形式，以采用空气动力学中的数值格式对浅水方程进行离散，采用水深 h 作为自变量，在不计河床变形的情况下，两者是等价的，但却具有不同的物理意义。FDS 格式中，其实际所表达的物理意义是界面两侧的物理量之差是产生流动的条件。此时浅水方程中将水位变为水深，在数学上并无不同，而其物理意义却截然不同。不同于空气动力学中的密度之差，水深之差并不是产生流动的先决条件。空气可以从密度大的地方流向密度小的地方，却并不是从水深大的地方流向水深小的地方，而是从水位高的处流向水位低处。从而可以看出，导致 FDS 在浅水计算中丧失 Z 性质的并不是格式本身，而是由于方程物理意义的改变所造成的。因此本书模型中在采用 WENO 格式差值界面两侧变量时，首先并不是求界面两侧的水深，而是先得到水位，并将式（4.68）界面两侧水深差值改为水位之差，计算中需要用到水深则采用水位与河底高程之差得到，即

$$\Delta h^{l,r}_{i+\frac{1}{2}} = \eta^{l,r}_{i+\frac{1}{2}} - z_{bi} \tag{4.69}$$

如此则不仅使浅水方程与 Euler 方程具有相同的形式，同时也赋予其相似的物理意义，为本书所建立的模型能够准确模拟静水状态奠定了基础。

静水模拟中，连续方程的计算也是关键。本书参照 J.D.Zhou 和许为后等的思路，源项中河底高程采用水位与水深的差值，从式（4.69）可以看到，实际得到就是本身的河底高程 z_{bi}，此时问题的关键在于源项中水深的取值。本书模型中取：

$$h = \frac{1}{2}\left(\frac{h^r_{i+\frac{1}{2}} + h^r_{i-\frac{1}{2}}}{2} + \frac{h^l_{i+\frac{1}{2}} + h^l_{i-\frac{1}{2}}}{2} \right) \tag{4.70}$$

从式（4.70）可以看出，SGM 方法和 WLF 方法得到的结果实际上是式（4.70）的两种特殊情况，SGM 方法和 WLF 方法均假定河底高程线性分布，不同之处仅在于 SGM 方法假定河底高程在单元内部呈线性分布，而 WLF 方法则假定单元之间呈线性分布，在这种假设式（4.70）得到了与以上两种方法相同的结果。因此可以认为如下的底坡项离散格式更具有普遍意义，即

$$gh\frac{\partial z_b}{\partial x} = \frac{g}{2}\left(\frac{h^r_{i+\frac{1}{2}} + h^r_{i-\frac{1}{2}}}{2} + \frac{h^l_{i+\frac{1}{2}} + h^l_{i-\frac{1}{2}}}{2} \right)\left(\frac{z_{bi} - z_{bi-1}}{\Delta x} \right) \tag{4.71}$$

式（4.71）避免了人为的假设，且概念更加明确，保证了计算的准确性。

4.4 模型验证

为了在计算前综合检查算法及程序的正确性，最有效的方法之一是检查整个计算域及其局部区域的水量平衡情况（动量平衡误差较难估计），这尤其适用于 FVM。同时，常先选择若干算例来进行数值检验，如静水、均匀流、临界流、光滑平底、静止间断等，最好是有解析解（如一维溃坝问题）或详细水力模型试验资料的模型问题。

4.4.1 与溃坝解析解的对比

假定一个光滑平底矩形河槽，长为 500m，宽 50m，在距离进口 250m 处有一闸门。初始时刻闸上游水深 10m，下游水深 1m，在初始时刻瞬间开启闸门，此问题是一个经典的模型检验方法且具有精确解[24]。数学模型中计算网格取为

$\Delta x = \Delta y = 5\text{m}$ 。计算时间步长取为

$$\Delta t = \alpha \times \min\left(\frac{\Delta x}{|u|+\sqrt{gh}}, \frac{\Delta y}{|v|+\sqrt{gh}}\right) \tag{4.72}$$

式中：α为克朗数系数，计算中一般取值为 0.1~0.6。模型计算结果与精确解比较如图 4.5、图 4.6 所示。

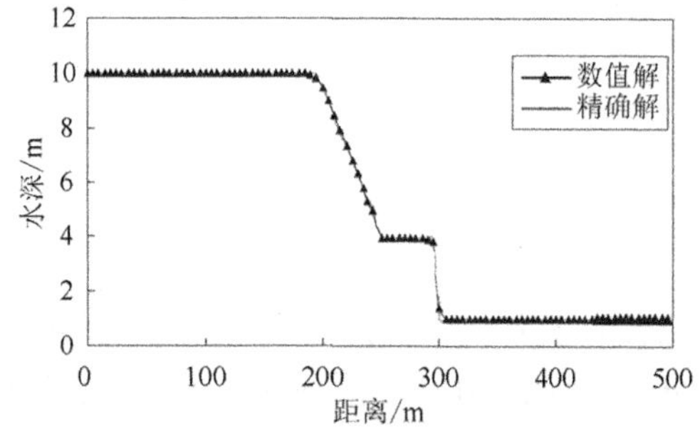

图 4.5　t=7s 时水深沿程分布

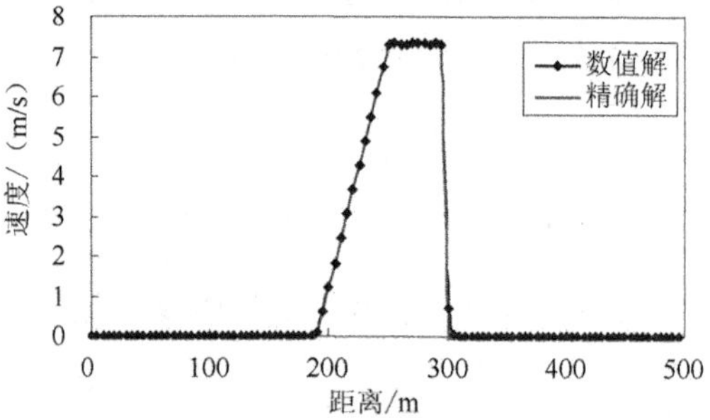

图 4.6　t=7s 时流速沿程分布

从图 4.5 和图 4.6 数值解与解析解的比较中可以看出，对于波前沿的演进速度和位置模型计算值均与精确解符合良好，在间断处依然具有较高的精度和高分辨率，且没有出现较明显的震荡。据此可以认为，基于 WENO 格式计算界面处守恒变量，并采用 Roe 方法计算界面通量所建立的二维浅水数学模型具有准确模拟溃坝水流演进的能力。

4.4.2　溃坝水流在干河床上演进模拟

计算区域为一长 1000m、宽 100m 的矩形平底河槽，在其中间位置有一高 20m，宽 5m 的坝体，坝上游水位 16m，处于静止状态，下游为干河床。在初始时刻坝体中部瞬间产生溃决，溃口宽度为 20m。

计算中空间步长取为$\Delta x=\Delta y=5\ \mathrm{m}$，时间步长仍然采用式（4.68）的方法计算。糙率系数n=0.025。

图 4.7 给出了水流在不同时刻的流场，图 4.8 给出了不同时刻溃口上下游水位，溃口下游水流从初始时刻开始沿干河床下泻，并向四周呈扇形扩散，t=36s 时扩散纵向距离约为 140m，横向向两边扩散距离为 60m。此后水流向外扩散到边壁处，由于受到边壁的约束，水流行进形态呈铲状，t=80s 时，水流纵向扩散距离为 245m。

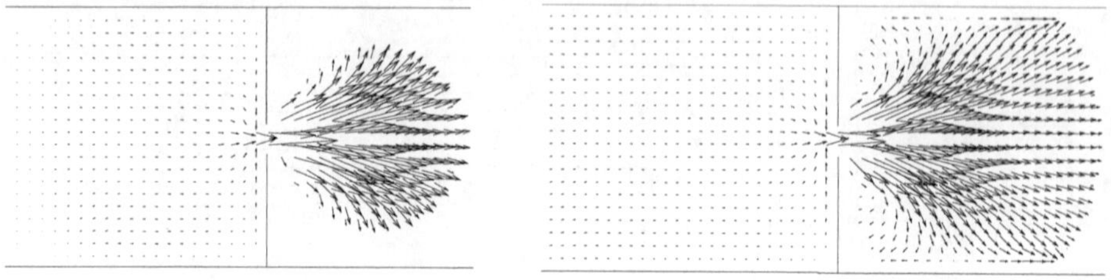

（a）t=36s　　（b）t=80s

图 4.7　溃口附近流场分布

坝体瞬时溃坏时，形成了正、负水波。正波向下游传播，负波向上游传播，而且受负波影响水域的水深下降。在水流未接触到边壁时，溃口下游两边的水深小于中部的水深，如图 4.8（a），从而形成了如图 4.7（a）所示的水流向两边的扩散；而当水流撞击到边壁，由于边壁对于水流的约束，将动能转化为势能，从而边壁附近水位抬高，甚至会略高于中间，如图 4.8（b），从而形成如图 4.7（b）所示的水流流态，水流从中间向四周扩散，并在一定范围内形成回流。数值模拟结果表明，模型计算所得物理量的分布符合物理规律。

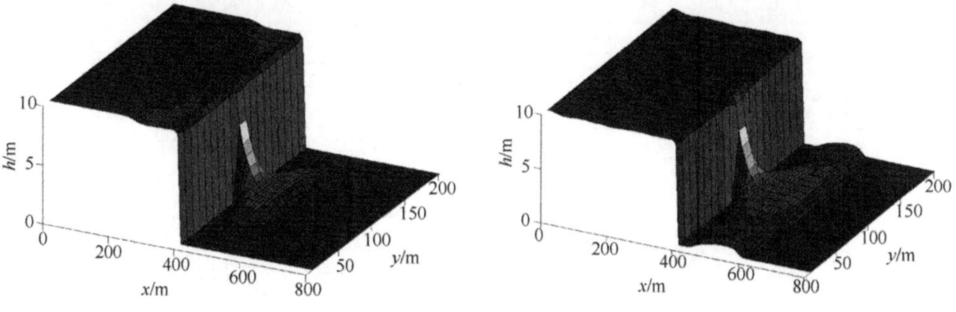

（a）t=36s　　（b）t=80s

图 4.8　溃口附近水位模拟

4.4.3　溃堤水流计算

计算区域为长 1000m 的河道,底坡为 1/1000,在距离入口 350m 处有一突缩段，上游河段宽 200m，下游河段宽 100m，河道两岸由大堤约束，堤顶高出河底 20m，上游流量 1500m^3/s，下游水位为 3m，流动形态如图 4.9 所示。假设在某一时刻堤防拐角处瞬间产生溃决，溃口横向与纵向宽均为 30m，具体位置如图 4.9 中虚线段所示，采用数学模型计算溃口产生后对河道水流的影响和溃口水流在干河床上的演进过程。计算网格取为 10m × 10m，时间步长仍然采用自适应步长法。

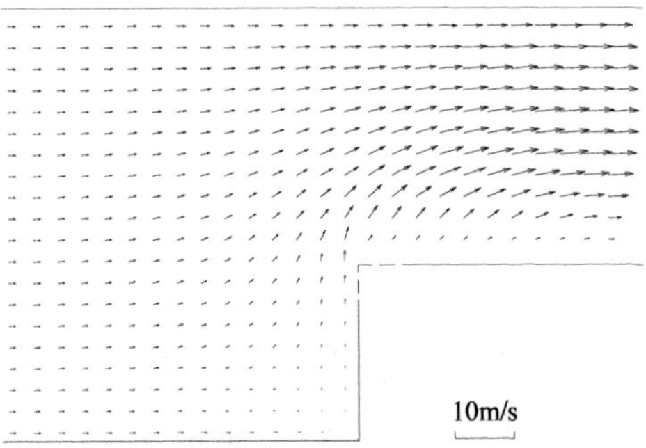

图 4.9　初始时刻溃口附近局部流场

溃堤发生瞬间，由于堤防内外两侧的水位差，水流从溃口处溢出，而且在溃口附近一定区域内的河道水流由于负波的影响有向溃口偏转的趋势，并在溃口附近小范围内出现了回流，如图 4.10（a）所示。随着时间的推移，溃口口门处上下游水位差逐渐减小，溃口处水面波动现象逐渐消失，如图 4.10（b）所示。溃口口门处水位随时间变化如图 4.11 所示。

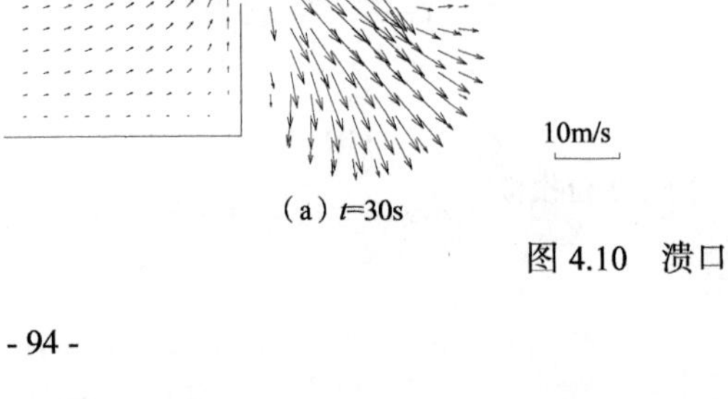

（a）t=30s

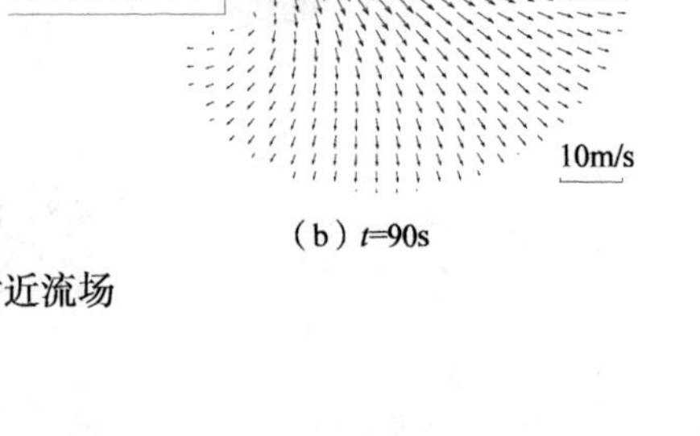

（b）t=90s

图 4.10　溃口附近流场

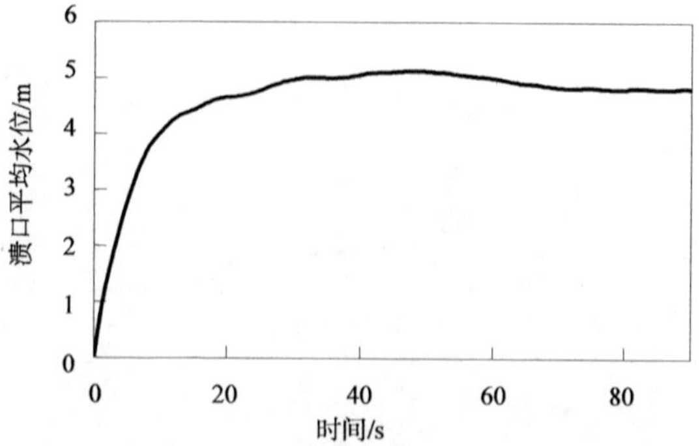

图 4.11 溃口处平均水位过程

4.4.4 恒定流计算

恒定流计算常较非恒定流困难，原因是：收敛慢（尤其是刚性问题），对格式要求高，各项扰动误差要比每一步校正量小，不致积累甚至放大（尤其不允许有水量守恒误差）[2]。

计算地形为 180° 弯道实验水槽，底坡为 1‰，宽 1.2m，垂直边墙高 0.5m，两个顺直段长度均为 4m，中间以半圆形弯道连接。弯道内侧半径 1.8m，外侧半径 3m。计算中进口处流量为 0.01m^3/s，出口处水深 0.05m，固壁边界分别采用传统的直接处理方法，即令法向速度为 0、无通量，和本书中所提出的直接镜像法计算得到的结果在水量守恒方面进行比较分析。

从图 4.12 和图 4.13 可以看到，在边界较为复杂的情况下，无论是采用哪种固壁边界处理方法，入口处流量传到下游出口处的时间基本上是相等，表现为在迭代进行到 4000 多步，时间为 23.5s 左右时，出口处流量均从 0 骤然上升，说明此时上游来流才传播到此处。且其传播速度约等于流速与波速之和，符合实际物理概念，由此可以认为无论哪种固壁边界的处理方式都不会影响到流动要素传播的速度，进一步验证了本模型中计算所得到的波的传播速度是符合实际情况的。两种固壁处理方式得到结果最大的不同在于随着迭代次数的增加，出口处水量能否收敛于入口来流量。图 4.12 中可以明显地看到随着迭代的进行，水量并未趋向于真实的来流量，而是比来流量小 50%左右，水量误差较大。而采用直接镜像法处理之后出口流量则稳定的收敛于入口来流量值，两者之间的相对误差为 2%左右，在水量误差可接受的范围内。

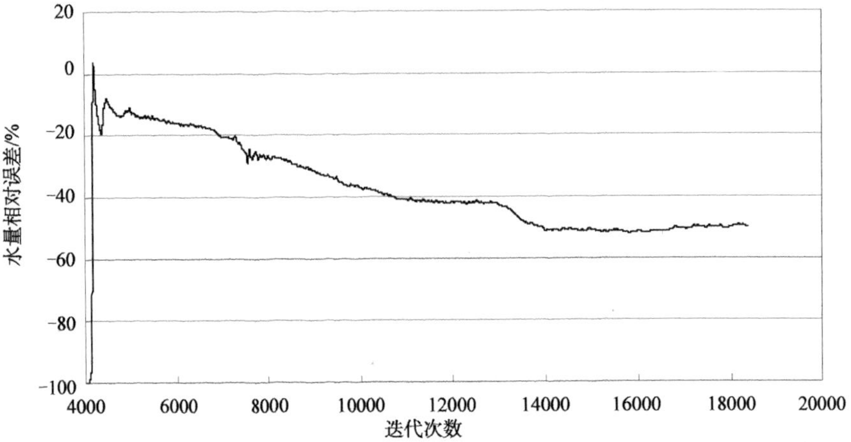

图 4.12　法向无通量处理时误差随时间传播过程

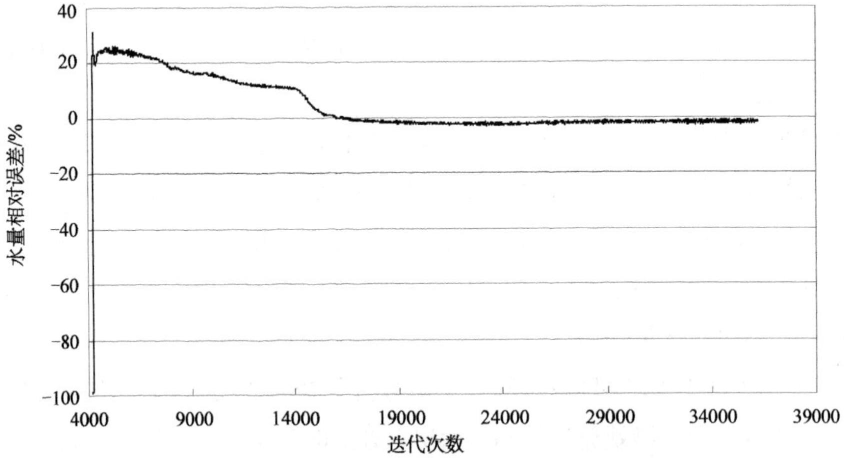

图 4.13　镜像法处理后误差随时间传播过程

4.4.5　天然复杂地形条件下堤防决堤后洪水演进模拟

采用所建立的模型预测浙江上虞市百沥海塘市区段临曹娥江一线海塘决堤后可能造成的灾情，包括决堤的长度、决堤的堰顶高程、洪水的进水量、淹没面积、淹没水深以及淹没时间等，以便判别灾情的严重程度和研究控制灾情的各种相应措施及其代价。计算区域如图 4.14 所示，总面积 15km^2。堤外 50 年一遇洪水位过程如图 4.15 所示，洪峰水位 9.32m，临江堤防高程 7.25～11.40m，内侧子堤及道路高程 4.4～10.91m，内侧地面高程 4.4～6.4m。在计算中决口宽度 D 按照 50m、70m 和 200m 三种情况分别考虑。各种溃堤方案堤内淹没深度及持续时间见表 4.1。

图 4.14　曹娥江溃堤计算区域示意图

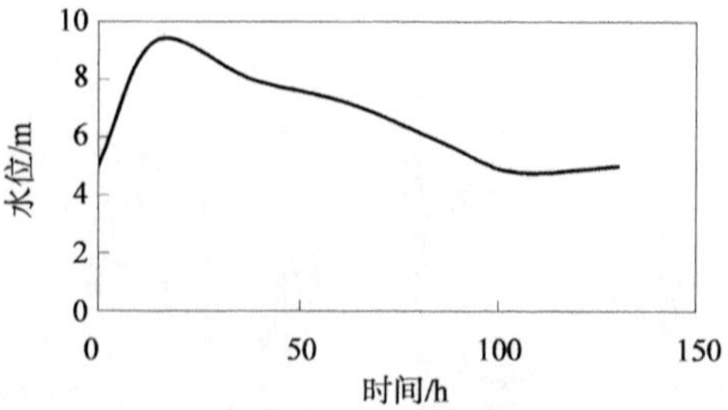

图 4.15　堤外洪水过程

表 4.1　溃堤洪水淹没深度及持续时间

方案		1	2	3
临江溃口宽度/m		50	70	200
临江溃口高程/m		4.8	4.8	4.8
内涝水位以及持续时间	最高水位/m	8.21	8.65	8.97
	6.0m 以上持续时间/h	96	98	102
	7.0m 以上持续时间/h	86	92	93
	8.0m 以上持续时间/h	78	88	87
	临江溃口进水量/($10^6 m^3$)	180	202.8	451

由表 4.1 可以看出：临江标准堤出现 50m 溃口时，其内最高水位可达 8.21m，受淹水深在 1.2m 以上的历时为 96h，临江溃口进水量 $180 \times 10^6 m^3$。堤内淹没深度、持续时间及进水量均随着溃口宽度的增大而呈非线形增大趋势。堤外洪水位过程如图 4.15 所示，堤内水位也随堤外水位先升高后回落，图 4.16 为决口宽度 50m 时溃堤后 24h（涨水期）和 102h（退水期）水位图。图 4.17 为不同决口宽度情况下，溃堤后 24h 堤内洪水行进的流速场。溃口越宽，相同时间内的进水量越大，造成的淹没范围及淹没水深也越大，溃口处平均流速相应越小。

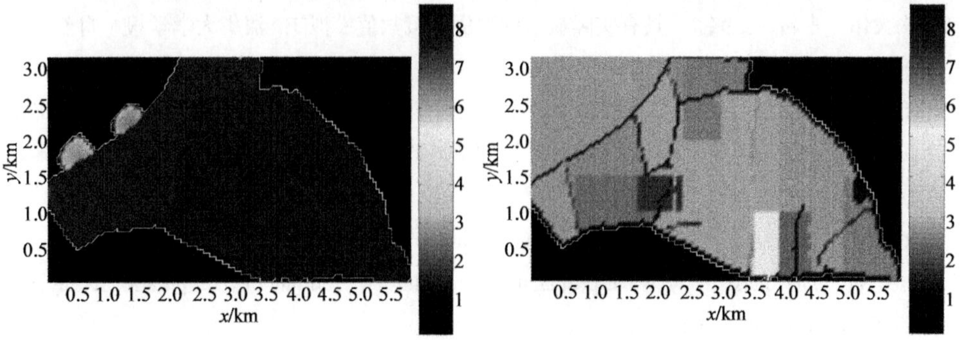

（a）t=24h　　（b）t=102h

图 4.16　溃口宽度 D=50m 不同时刻水位

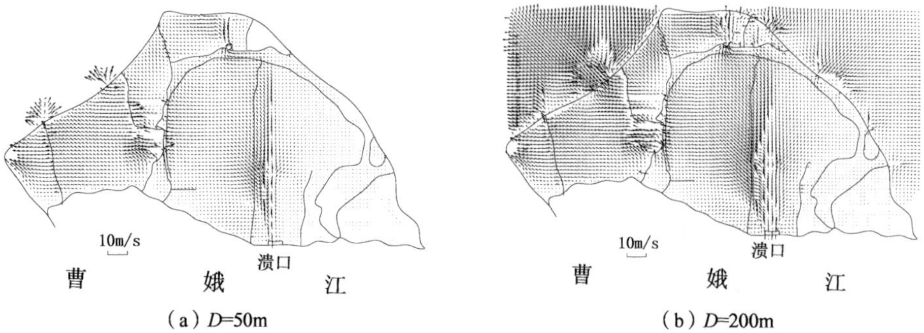

图 4.17　溃堤 24h 后流场

参考文献

[1] 谢任之. 溃坝水力学[M]. 山东：山东科学技术出版社，1989.

[2] 谭维炎. 计算浅水动力学—有限体积法的应用[M]. 北京：清华大学出版社，1998.

[3] Matthew E. Hubbard, Nick Dodd, A 2D numerical model of wave run-up and overtopping [J]. Coastal Engineering, 2002(47): 1 - 26.

[4] 刘儒勋,王志峰. 数值模拟方法和运动界面追踪[M]. 合肥:中国科学技术大学出版社,2001.

[5] 刘儒勋，舒其望. 计算流体力学的若干新方法[M]. 北京：科学出版社，2003.

[6] E. F. Toro. Riemann Solvers and Numerical Methods for Fluid Dynamics (Springer-Verlag, Berlin/ Heidelberg, 1997.

[7] Bermudez A., V azquezM E. Upwind methods for hyperbolic conservation laws with source terms[J]. Computers &Fluids, 1994, 23 (8): 1049 - 1071.

[8] 王志力，耿艳芬，金生. 具有复杂计算域和地形的二维浅水流动数值模拟[J]. 水利学报，2005, 36 (4): 439 - 444.

[9] 张大伟，张超，王兴奎. 具有实际地形的溃堤水流数值模拟[J]. 清华大学学报（自然科学版），2007,47(12): 2127 - 2130.

[10] 王志力，耿艳芬，金生. 二维洪水演进数值模拟[J]. 计算力学学报，2007, 24(4): 533 - 538.

[11] 王志力，耿艳芬，金生. 具有复杂计算域和地形的二维浅水流动数值模拟[J]. 水利学报，2005, 36(4): 439 - 444.

[12] Randall J. LeVeque, Balancing source terms and flux gradients in high-resolution Godunov methods: The quasisteady wave-propagation algorithm[J]. Journal of Computational Physics, 1998, Vol. 146: 346 - 365.

[13] M. E. V′azquez-Cend′on, Improved treatment of source terms in upwind schemes for shallow water equations in channels with irregular geometry[J]. Journal of Computational Physics,

1999, Vol. 148: 497 - 526.

[14] J. G. Zhou, D. M. Causon, C. G. Mingham, and D. M. Ingram. The Surface Gradient Method for the Treatmentof Source Terms in the Shallow-Water Equations[J]. Journal of Computational Physics, 2001, Vol. 168: 1 - 25.

[15] 许为厚，潘存鸿，林炳尧，等. 钱塘江河口涌潮数值模拟方法研究[C]//第十六届全国水动力学研讨会文集[C]. 北京：海洋出版社，2002: 7 - 16.

[16] 潘存鸿，林炳尧，毛献忠. 一维浅水流动方程的 Godunov 格式求解[J]. 水科学进展，2003, 14(4): 430 - 436.

[17] 李义天，赵明登，曹志芳. 河流平面二维水沙数学模型[M]. 北京：中国水利水电出版社，2001.

[18] 赵明登. 汉口边滩开发利用对防洪影响的数值模拟分析[J]. 武汉水利电力大学学报，2000, 33(4).

[19] 程文辉，王船海. 用正交曲线网格及“冻结法”处理河道流速场[J]. 水利学报，1988(6).

[20] 何少苓，王连祥. 窄缝法在二维边界变动水域计算中的应用[J]. 水利学报，1986(12).

[21] 曹志芳，李义天. 蓄滞洪区平面二维河床洪水演进数值模拟[J]. 应用基础与工程科学学报，2001(9).

[22] Sleigh, P.A., Berzins, M., Gaskell, P.H., Wright, N.G. An unstructured finite-volume algorithm for predicting flow in rivers and estuaries[J]. Comput. Fluids, 1998(27): 479 - 508.

[23] 周建军. 处理不规则边界的边界对称点法[J]. 水利学报，1988(7): 14 - 18.

[24] E. F. Toro, Shock-capturing methods for free-surface shallow follows [M]. Chichester, New York : John Wiley, 2001.

第 5 章　平面二维溃堤水沙运动过程数学模型及应用

溃堤过程是水沙相互作用的过程，水流运动促使泥沙输移而导致水流运动边界的改变，边界调整反过来影响水流的流态，两者相互作用决定了溃堤的发展过程。因此溃堤过程不仅需要精确地水流模拟，而且需要考虑到泥沙的运动过程以及两者之间的相互作用。溃堤水沙作用最强烈在堤防的溃口附近，表现为强烈的冲刷过程。

溃口的冲刷过程不同于一般的河道变形，在口门急剧冲刷下切的同时，展宽过程也在同时进行。由于河床冲深和堤身展宽的机理和模拟方法均存在较大的差异，因此模拟溃堤过程中的泥沙运动过程，尤其是溃口的发展过程，需按照各自特征分为纵向冲深和横向展宽两个方面。

5.1　纵向冲淤模型

5.1.1　控制方程

泥沙的很多属性，尤其是在水流中的运动特性与泥沙自身的形状尤其是粒径的大小有不可分割的关系，如极细颗粒的泥沙需考虑由于颗粒之间的黏性而形成的絮凝现象。在河流动力学中关于泥沙运动特性的分析中将泥沙分为悬移质和推移质，悬移质又进一步被细分为床沙质和冲泻质，各种粒径的泥沙运动特性差别较大。推移质是沿河床滑动、滚动及跳跃前进的泥沙，它们是由底层水流对床面颗粒在绕流运动过程中所产生的水流作用力推动的结果，推移质的运动范围都在床面附近两到三倍粒径的区域。悬移质是被水流携带，远离床面悬浮于水中，随水流一起运动的泥沙。由此可见，有必要对泥沙按照粒径或运动规律进行区分。

对于河流泥沙数学模型来说，既需要将泥沙按照粒径进行较为细致的分组，也有可将泥沙分组后进行比较细致的计算和分析研究。因此在河流泥沙数学模型中，泥沙不仅仅只是按照传统水流泥沙动力学中的分法进行区分，还需要更细致的按照一定的粒径将泥沙分组。因此河流泥沙模型控制方程一般可写为如下形式。

（1）泥沙连续性方程：

$$\frac{\partial(hS_k)}{\partial t}+\frac{\partial(huS_k)}{\partial x}+\frac{\partial(hvS_k)}{\partial x}+\rho'\frac{\partial z_{bsk}}{\partial t}=\frac{\partial}{\partial x}\left[D_s\frac{\partial(hS_k)}{\partial x}\right]+\frac{\partial}{\partial y}\left[D_s\frac{\partial(hS_k)}{\partial y}\right] \quad (5.1)$$

（2）河床变形方程：

悬移质河床变形方程

$$\rho'\frac{\partial z_{bsk}}{\partial t}=\alpha\omega_k(S_k-S_{*k}) \tag{5.2}$$

推移质河床变形方程

$$\rho'\frac{\partial z_{bgk}}{\partial t}+\frac{\partial g_{bxk}}{\partial x}+\frac{\partial g_{byk}}{\partial y}=0 \tag{5.3}$$

（3）床沙组成方程：

$$\rho'\frac{\partial(E_m P_k)}{\partial t}+\frac{\partial(huS_k)}{\partial x}+\frac{\partial g_k}{\partial x}+\frac{\partial(hvS_k)}{\partial y}+\frac{\partial g_k}{\partial y}+\varepsilon_1[\varepsilon_2 P_{0k}+(1-\varepsilon_2)P_k]\left(\frac{\partial z_b}{\partial t}-\frac{\partial E_m}{\partial t}\right)=0 \tag{5.4}$$

式中：ρ'为河床淤积物干密度；h为单元水深；u、v分别为沿x和y方向流速；D_s为泥沙扩散系数；S_k为第k组泥沙的含沙量；S_{*k}为第k组泥沙的水流挟沙力；z_{bsk}、z_{bgk}分别为第k组悬移质和推移质运动所引起的河床高程变化；g_{bxk}、g_{byk}分别为第k组泥沙沿x和y方向的单宽推移质输沙率；α为恢复饱和系数；P_{0k}为初始时刻天然河床床沙组成；P_k为混合层床沙组成；E_m为混合层厚度；ε_1、ε_2为标记系数（纯淤积计算时$\varepsilon_1=0$，否则$\varepsilon_1=1$；当混合层下边界波及到原始河床时$\varepsilon_2=0$，否则$\varepsilon_2=1$）。方程离散采用半隐上风离散方案[1]。

5.1.2 辅助方程及参数

5.1.2.1 二维水流挟沙力

水流挟沙力的定义为：在一定的水流泥沙综合条件下（包括断面面积、水力半径、平均流速、水面比降、泥沙沉速和泥沙级配等水沙条件和边界条件），水流能够挟带的悬移质中床沙质的临界含沙量。当水流中悬移质的床沙质超过这一临界值时，水流处于超饱和状态，河床将发生淤积；反之，当水流中悬移质的床沙质含量不足这一临界值时，水流处于次饱和状态，河床将发生冲刷[2]。水流挟沙力的合理计算直接影响到河床变形计算的可靠性和精度以及对水流条件的反馈，它是建立数学模型成败的关键[3]。

目前对于断面平均情形下，即一维水流挟沙力的研究较多。出现较早且目前实际应用较多的是张瑞瑾公式，此式是武汉水利电力学院水流挟沙力研究组通过分析大量数据，包括长江、黄河以及南京水利实验处钢板水槽实验的观测结果，分析挟沙水流与清水能量损失之间的差别，得出制紊假说，从而通过量纲分析等手段最终得到半经验半理论的水流挟沙力公式，即张瑞瑾水流挟沙力公式[4]：

$$S_* = K\left(\frac{U^3}{gR\varpi}\right)^m \tag{5.5}$$

式中：S_*为水流挟沙力；K 为挟沙力系数；m 为指数；g 为重力加速度；R 为水力半径；ω为泥沙沉速。

此形式的公式在工程应用中较多的被采用。但是对于不同的河流或者不同的水流形态其取值具有经验性，无法从理论上直接确定系数 K 及指数 m 的大小，需要根据具体问题率定后才能使用。之后也有大量的学者对水流挟沙力问题进行了大量的研究和探讨，但基本上都限于一维问题，且多是在张瑞瑾挟沙力公式的基础上进行改进或完善[5-9]，实际上相当于在确定公式中的系数 K 及指数 m。另外还有众多学者对水流挟沙力问题进行了大量的研究，但是基本均限于断面平均状态的水流挟沙力[10-13]，如钱宁通过大量实测资料分析，得出水流挟沙力不仅与流量有关，还与上游来流的含沙量有关，揭示了黄河下游“多来多排”现象的机理，并由此得到水流挟沙力的具体表达式为[12]

$$Q_s = KQ^m S_{上}^{\beta} \tag{5.6}$$

式中：Q 为流量；Q_s 为输沙率（含沙量为挟沙力）；$S_{上}^{\beta}$ 为来流的含沙量；K 为系数。

以上公式中所得到的水流挟沙力均是对于全断面而言，在数值模拟中就是一维水流挟沙力，目前对于挟沙力沿断面的分布亦或是平面二维水流挟沙力的研究相对较少，关于这方面的研究成果具有代表性是李义天的研究成果[14]和杨国录的研究成果[15]。

李义天在研究二维水流挟沙力时首先假定公式结构与一维一致，得到：

$$S_{0*} = K_0\left(\frac{U_0}{gh_0\omega_0}\right)^{m_0} \tag{5.7}$$

然后根据长江中游枝江、监利、石首等河段水沙资料，点绘断面平均含沙量与断面平均 $\dfrac{U_0}{gh_0\omega_0}$ 的关系曲线，得到的点群比较集中，相关关系较好，说明在一维水流挟沙力公式中可取 m=1.0，K=常数。但是，点绘垂线平均含沙量与垂线平均 $\dfrac{U_0}{gh_0\omega_0}$ 的关系曲线时发现点群较散乱，虽然总体趋势还是随着含沙量的增大而增大，但相关关系较差，说明公式中 m_0、K_0 并非常数，而是随着垂线位置的变化而改变的。由于指数 m_0 变化范围较小，近似取为 1。再进一步考虑系数 K_0 的变化，用相同的数据点绘 $K/K_0—\eta$ 的关系曲线。$\eta = y/B$，为相对河宽。从点绘的图

形中得出 K/K_0 随 η 变化具有明显的规律性，在近岸处 K/K_0 值较大，在河道中间 K/K_0 值较小。谢鉴衡等采用理论分析证明了 K/K_0 是 ω/U 的函数[16]，进一步又点绘了 K/K_0—ω/U 的关系曲线，得到的点群较集中，两者相关关系较好，从而得到 K/K_0 的经验关系式为

$$K/K_0=(0.1+90\omega/U) \tag{5.8}$$

最终得到二维水流挟沙力公式，可写为

$$S_*=K(0.1+90\omega/U)\frac{U^3}{gR\varpi} \tag{5.9}$$

此公式结构简单，但是公式本身具有较强的经验性，是否具有普适性还有待理论验证和实践检验。

杨国录等认为流条间能量存在横向传递和变化，各流条间的能量差异及能量之间的互补，各流条提供的能量与损失的能量不等使剩余能量向相邻流条传递，使得快速流条受到牵制，而慢速流条受到拖引，传递能的存在及其变化调整了水流能量的内部结构，这是平面二维流动不同于一维流动的根本原因，也是研究平面二维水流挟沙力的基点。因此将河道水流在平面上分为若干个流条，并从理论上分析得到了各流条的受力情况，将流条内及流条间的能量分为提供能、损失能、横向传递能三种，从而得到流条间的能量平衡关系式为

$$W_T=W_s+W_b \tag{5.10}$$

式中：W_T 为本流条提供的能量；W_s 为克服阻力损失的能量；W_b 为流条之间传递的能量。

式（5.10）也可表述为对于任一流条而言，水流提供的能量等于就地克服阻力损失的能量与水流传递能之和。

根据制紊假说，同等条件下，挟沙水流的能量损失较清水水流的能量损失为小。就任意流条而言，对其清浑水水流能耗的差别，可写出能量平衡方程式：

$$W_{se}-W_{ss}=\Delta E \tag{5.11}$$

式中：W_{se} 为任一流条的清水水流能量损失；W_{ss} 为任一流条的浑水水流能量损失。

通过一系列复杂的计算后得到任一流条上的水流挟沙力，即二维水流挟沙力公式为

$$S_{*i}=(k_{0i}+k_{0i}\alpha_0)\left(\frac{u_i^3}{\dfrac{\gamma_s-\gamma}{\gamma}gh_i\omega_i}\right)^m \tag{5.12}$$

其中，

$$\alpha_0=\frac{\delta_2\int_{Z_B}^{Z_A}\tau_w\frac{\partial u}{\partial z}\mathrm{d}z}{\rho u_*^2u(Z_A-Z_B)} \tag{5.13}$$

式中：τ_w 为流条间隙水流内摩阻平均切应力；Z_A、Z_B 为流条的左右边界，Z_A-Z_B 代表流条的宽度；u_* 为摩阻流速。

α_0 反映了流条克服界面剪切变形就地损失的能量与床面阻力做功而损失的能量之比。但水流流速沿河宽分布均匀时，不存在界面切应力，故有 $\alpha_0=0$，这相当于一维均匀流动的情况，此时有 $u_i=U$，$h_i=H$，此时二维挟沙力公式（5.12）转化为

$$S_{*i}=k_i\left(\frac{u_i^3}{\frac{\gamma_s-\gamma}{\gamma}gh_i\omega_i}\right)^m=k_0\left(\frac{U^3}{gH\omega}\right)^m$$

此式即为一维均匀流水流挟沙力公式，由此可证二维水流挟沙力公式(5.12)的正确性和适应性。

式（5.12）虽然是直接从理论推导得到的挟沙力公式，但若直接用它来计算水流挟沙力仍然存在巨大的困难，因为直接根据式（5.13）来确定和计算 α_0 是相当困难的，因此需根据 α_0 的影响因素来确定其值的大小。从一二维衔接的条件可以得出：

$$\alpha_0=\frac{K_0}{K_{0i}}\frac{S_{*i}^{1/m}h_i\omega_iU^3}{S_{*i}^{1/m}H\omega u_i^3}-1 \tag{5.14}$$

由此可见，影响 α_0 的水流泥沙要素主要是断面平均流速 U，平均水深 H、垂线水深 h_i 以及垂线平均沉速 ω_i 和断面平均沉速 ω，即

$$\alpha_0=\frac{K_0}{K_{0i}}f(H,h_i,U,u_i,\omega,\omega_i)-1 \tag{5.15}$$

虽然 $f(H,h_i,U,u_i,\omega,\omega_i)$ 为待定函数，其具体形式未知，但经合理性分析可知其值和变化特性必定具有如下特征：① 函数 $f(H,h_i,U,u_i,\omega,\omega_i)$ 是一个无量纲综合体。② $f(H,h_i,U,u_i,\omega,\omega_i)$ 受均匀流条件和一二维衔接计算条件的限制，即函数值必然经过 1。③若 $\frac{\partial\alpha_0}{\partial z}>0$，则 $\frac{\partial f}{\partial z}>0$，函数单调递增；若 $\frac{\partial\alpha_0}{\partial z}<0$，则 $\frac{\partial f}{\partial z}<0$，函数单调递减；若 $\frac{\partial\alpha_0}{\partial z}=0$，则 $\frac{\partial f}{\partial z}=0$，水流接近于均匀流。④同一断面，函数 f 随垂线水流泥沙因子而变，对不同断面，同时也受约于水流泥沙因子断面平均值

的影响。

据此，采用量纲分析法可取函数f具有如下形式：

$$f(H,h_i,U,u_i,\omega,\omega_i)=f\left(\frac{\omega_i q}{\omega q_i}\right) \tag{5.16}$$

采用长江荆江河段实测数据点绘了关系式（5.16），并考虑函数f具有上述特征，得到经验关系式：

$$\alpha_0=\frac{K_0}{k_{0i}}\left(\frac{\omega_i q}{\omega q_i}\right)^{0.6m}-1 \tag{5.17}$$

将式（5.17）带入式（5.12）得到平面二维水流挟沙力计算公式为

$$S_{*i}=k_{0i}\left(\frac{\omega_i q}{\omega q_i}\right)^{0.6m}\left(\frac{u_i^3}{gh_i\omega_i}\right)^m \tag{5.18}$$

式（5.9）与式（5.18）相比，两者具有以下特征：

（1）从结果上看，直接从一维扩展出来的二维挟沙力公式(5.9)和从理论上推导出来的挟沙力公式（5.18）具有基本一致的形式，可从能量横向转移和守恒的角度对经验型较强的式（5.9）在理论上有一个更深入的认识。

（2）直接扩展一维公式而得到的二维水流挟沙力公式，实际上考虑了一、二维水流计算转化的条件。这一衔接条件可从挟沙力系数的计算和表达形式看出。

（3）点绘长江中下游河段实测数据得到的K/K_0—η关系曲线表明，当$\eta<0.5$时，K/K_0随η增大而减小；当$\eta>0.5$时，K/K_0随η增大而增加。这一现象可从式（5.9）和式（5.18）中得到解析。令$f(z)=\dfrac{k_i+k_i\alpha_0}{k_0}$，关于$z$求导可得：

$$\frac{\partial f(z)}{\partial z}=\frac{\partial}{\partial z}\left(\frac{k_i+k_i\alpha_0}{k_0}\right)=\frac{k_i}{k_0}\frac{\partial \alpha_0}{\partial z} \tag{5.19}$$

当$\dfrac{\partial\alpha_0}{\partial z}>0$，则$\dfrac{\partial f}{\partial z}>0$，函数单调递增；当$\dfrac{\partial\alpha_0}{\partial z}<0$，则$\dfrac{\partial f}{\partial z}<0$，函数单调递减；当$\dfrac{\partial\alpha_0}{\partial z}=0$，则$\dfrac{\partial f}{\partial z}=0$，水流接近于均匀流。因影响$\alpha_0$的因素多而复杂，虽然尚未能完全确定$\dfrac{\partial\alpha_0}{\partial z}$的具体形式，但实际现象和上述的理论解析式完全一样的，同时也从一个侧面反映出式（5.9）和式（5.18）的合理性。

据此可以认为，挟沙力式（5.9）和式（5.18）两者相互验证了彼此。前者是对后者在实测资料分析结果上的进一步印证，而后者在理论上证明了前者做法的合理性。因此此种形式的水流挟沙力公式可用于二维数学模型计算中。

5.1.2.2　推移质输沙率计算公式

关于推移质输沙率的研究成果极为丰富，但是由于推移质本身在测量手段上的不健全性，使得各种公式的正确性和合理性难以得到检验，同一水流条件下采用不同的公式计算得到的推移质输沙率相差很大。因此，在选用推移质输沙率公式时，最好采用实测资料检验或已被大量实验资料所证明的公式。目前已有的推移质输沙率公式大致可以分为如下几类[17]：

（1）剪应力方法。这种研究方法主要是通过水流作用于泥沙的剪切力与沿床面的临界剪切力之比来确定推移质输沙率的大小。代表成果有 Duboys 公式、Shields 公式以及 Kalinske 公式等。

（2）能坡方法。这种方法将能坡作为影响推移质输沙率的一个重要因素，将输沙率的变化与水流能坡直接联系在一起。代表公式有 Meyer-Peter 公式以及 Meyer-Peter-Muller 公式。

（3）流量法。最早由 Schoklitsch 提出，采用流量确定推移质输沙率。代表公式即为 Schoklitsch 公式。

（4）流速法。以窦国仁、Donate 等为代表，通过谢才公式推导出推移质输沙率与流速之间的关系。

（5）床面形态法。通过对沙波连续方程变形后进行积分，即可得到推移质输沙率与床面形态运动的关系。如果测量了床面形态的大小即可直接求得推移质输沙率。

（6）概率统计法。主要通过将推移质运动与稳流的脉动相联系，而不是与水流作用在沙粒上的力的平均值进行联系，避免了初始运动的临界条件。从而泥沙运动的开始和停止以概率的形式表达。代表公式为 Einstein 公式。

（7）随机法。以单颗粒泥沙作为研究对象，认为一个沙粒可能沿河床滚动，也可能瞬时进入水流，然后落回河床停止运动。通常它会被其他沙粒所覆盖，直至被重新暴露再做另一次运动。因此考虑运动和停止的交换，把泥沙的运动描述为一个随机的过程。

（8）回归分析法。以实验资料为基础，根据量纲考虑和回归分析，推导以水流参数表达的推移质输沙率。代表公式为 Rottner 公式。

（9）等可移动性方法。此方法首先假定砾石河床河道里的推移质运动是通过暴露在河床上的沙粒移动来是实现的。这种移动是水流作用在裸露沙粒上的力所导致的。底层的沙粒只有在局部或大范围内的冲刷使其暴露于床面时，才能参与推移质运动。等可移动性的假设的推论是，推移质泥沙的粒径分布可近似为底层中提供的且同一粒径的大部分能够被水流移动的沙粒的全体。代表公式为 Parker 公式。

以上所有方法所得到的公式中较为常用且被认为较为合理的 Meyer-Peter 公式以及 Meyer-Peter-Muller 公式。这两个公式都是在大量实验资料的基础上通过整理分析后得出的，具有一定的可靠度，尤其是后者在很多溃口发展模型的计算中被广泛采用[18-19]。

Meyer-Peter-Muller 公式是经过对 Meyer-Peter 公式长期的分析和研究之后提出的，其具体形式为

$$g_b = \frac{\left[\left(\frac{k_s}{k_r}\right)^{3/2} rhJ - 0.047(\gamma_s - \gamma)D_m\right]^{3/2}}{0.125g\left(\frac{\gamma}{g}\right)^{1/2}\left(\frac{\gamma_s - \gamma}{\gamma_s}\right)} \tag{5.20}$$

式中：γ 和 γ_s 分别为水和泥沙的容重；h 为水深；D_m 为泥沙的平均粒径；k_s 为河床糙率的倒数；k_r 为河床平整情况下的沙粒阻力系数，在充分发展的情况下，$k_r = 26/D_{90}^{1/6}$；J 为能坡。

式（5.20）的实验条件是在床面泥沙绝大多数处于运动状态下进行的，在相当一部分床面泥沙不动的情况下，公式所得结果需乘以系数 p，p 为床面处于运动状态的泥沙占全部床面泥沙的百分数，可以根据该水流条件下的起动粒径，从床沙级配曲线上求得。

考虑到泥沙颗粒间的掩蔽作用及泥沙颗粒的非均匀性，本书采用下式来计算溃口的推移质输沙率公式为 $g_{*k} = \eta_k R_k g_{bk}$，其中 η_k 为掩蔽系数，按 Kennedy 方法计算可得 $\eta_k = 0.8\left(\frac{d_k}{d_{50}}\right)$，其中 $a = 0.8$；$R_k = \frac{P_k}{\sum_{k=KGK}^{KK} P_k}$，为推移质级配。

5.1.2.3 泥沙的起动

泥沙的起动是指床面上的泥沙由静止开始转入运动的过程，当水流加强到一定程度以后，河床上的泥沙颗粒开始脱离静止而运动，这一临界水流条件称为泥沙的起动条件。泥沙之所以能开始运动，是各种作用力综合作用的结果，作用在泥沙上的力主要有：重力、水流拖曳力、水流的上举力、颗粒之间的黏结力以及渗透压力。其表达式分别如下

重力：

$$F_g = (\gamma_s - \gamma)\alpha_1 D^3 \tag{5.21}$$

水流拖曳力：

$$F_D = C_D \cdot \alpha_2 D^2 \frac{\rho U_D^2}{2} \tag{5.22}$$

水流上举力：

$$F_L = C_L \cdot \alpha_3 D^2 \frac{\rho U_D^2}{2} \tag{5.23}$$

单位面积上的黏结力：

$$F_c = \frac{k_c}{D} \tag{5.24}$$

渗透压力：

$$F_s = -c(1-\mathrm{e})\gamma \frac{\mathrm{d}h}{\mathrm{d}y} \tag{5.25}$$

式中：γ_s 和 γ 分别为泥沙和水的容重；D 为泥沙粒径；U_D 为颗粒顶部的水流作用流速；k_c 参数，其值由实验确定，一般可取为 13.7×10^3。

推动泥沙起动的力为水流拖曳力，水流上举力和渗透压力，而重力及黏结力则对泥沙的起动起阻止作用。从重力和黏结力的表达式可以看出，影响粗颗粒泥沙的主要因素为重力，而随着颗粒粒径的减小，黏结力将起到越来越大的作用。因此，起动流速公式中，尤其是对细颗粒泥沙的起动，必须考虑黏结力的影响。

基于以上的分析，本书采用张瑞瑾公式计算泥沙的起动条件，其具体形式如下：

$$U_c = \left(\frac{h}{D}\right)^{0.14} \left(17.6 \frac{\gamma_s - \gamma}{\gamma} D + 6.05\times10^{-7} \frac{10+h}{D^{0.72}}\right)^{\frac{1}{2}} \tag{5.26}$$

式中：h 为水深；其他符号意义同上。

起动后的泥沙在水流中的运动状态可分为沿河床滚动或滑动的推移质和随水流一起前进的悬移质，因此在确定了泥沙的起动与否后还需进一步确定其运动状态。决定泥沙运动状态的条件除了泥沙本身的粒径之外还有水流条件，可采用式（5.27）的悬浮指标来判别泥沙是否处于悬浮状态。

$$z = \frac{\omega}{\kappa U_*} \tag{5.27}$$

式中：z 为悬浮指标；κ 为卡门系数，清水或者接近清水中可取为 0.4；ω 为泥沙沉速；U_* 为摩阻流速。

悬浮指标代表了重力与水流悬浮力之比，其值越小泥沙越容易起悬。实际观测表明，当 z=5 时，泥沙悬浮高度甚低，可近似看成由推移到悬浮的临界状态；当 z<5 时泥沙处于悬浮状态，计算中作为悬移质考虑；当 z>5 时，床面泥沙不起悬，考虑推移质运动。

5.1.2.4 非均匀沙水流挟沙力级配

天然情况下河床上的泥沙总是大小不均的，由于粗沙比细沙更易于淤积而难于冲刷，只要河床存在冲淤变形，泥沙级配总是要沿程变化和因时变化的，为了解决这一问题，必须建立计算分组水流挟沙力的方法。目前对于这一问题的研究方法主要有以下几种。

（1）韩其为方法[2]。韩其为设想将单位体积挟沙水流各粒径组泥沙分别集中，并将此单位水体分成与粒径组组数相当的几个部分，每一部分水体刚好能携带一个粒径组的泥沙。这样，对第 k 个粒径组来说，存在如下关系式：

$$S_{*k} = P_{*k} \cdot S_* = K_k S_*(d_k) \tag{5.28}$$

式中：S_{*k} 为第 k 组沙的挟沙力；$S_*(d_k)$ 为同组均匀沙的挟沙力，又称为可能挟沙力和当量挟沙力；K_k 为水量百分数；P_{*k} 为挟沙力级配，一般 $P_{*k} \neq K_k$。

韩其为假设挟沙力级配等于含沙量粒配，即 $P_{*k} = P_k$，则式（5.28）可改写为

$$K_k = S_* \frac{P_{*k}}{S_*(d_k)} \tag{5.29}$$

对 K_k 求和可得到 $\sum_{k=1}^{n} K_k = 1$，故有：

$$S_* = \frac{1}{\sum_{k=1}^{n} \frac{P_{*k}}{S_*(d_k)}} \tag{5.30}$$

此时只要将计算均匀沙挟沙力的公式 $S_*(d_k)$ 带入式（5.30）即可得到非均匀沙各组沙的水流挟沙力。

（2）HEC-6 方法[20]。此方法与韩其为方法的不同之处在于假设分组水流挟沙力 S_{*k} 等于床沙级配 P_{bk} 与可能挟沙力 $S_*(d_k)$ 之积，即

$$S_{*k} = P_{bk} \cdot S_*(d_k) \tag{5.31}$$

将形如式（5.18）的挟沙力计算式代入上式得到：

$$S_{*k} = P_{bk} \cdot K\left(\frac{U^3}{gh\omega_k}\right)^m = P_{bk} \cdot K\left(\frac{\omega_m}{\omega_k}\right)^m \left(\frac{U^3}{gh\omega}\right) \tag{5.32}$$

由此可得挟沙力级配的表达式为

$$P_{*k} = P_{bk}\left(\frac{\omega_m}{\omega_k}\right)^m \tag{5.33}$$

对 P_{bk} 求和得到 $\sum_{k=1}^{n} P_{bk} = 1$，结合式（5.33）可得：

$$\omega^m = \sum_{k=1}^{n} P_{*k} {\omega_k}^m \tag{5.34}$$

由式（5.34）可见，非均匀沙情况下平均沉速 ω 不等于第 k 组泥沙的沉速 ω_k，故 $P_{*k} \neq P_{bk}$。对于 $\omega < \omega_k$，即代表粒径较细的颗粒，$P_{*k} > P_{bk}$；反之 $P_{*k} < P_{bk}$。由此可见较细的颗粒沉速小，挟沙力级配大，进而此粒径组的泥沙的挟沙力也较大，这在定性上是较为合理的。

（3）杨国录方法[15]。杨国录从能量平衡原理出发，考虑了对水流挟沙力有影响的诸多因素，包括水力因子、泥沙的非均匀性、相对黏滞系数、上游来沙及河床补给等，通过考虑清水了含沙水流之间的能量差，直接建立了非均匀沙水流挟沙力公式：

$$S_{v*k} = k_0 {\mu_r}^{\alpha} \left[\frac{\omega_k}{\omega} \left(P_k + P_{bk} \right) \right]^{\beta} \left(\frac{U^3}{\dfrac{\gamma_s - \gamma}{\gamma} gR\omega_k} \right) \tag{5.35}$$

式中：S_{v*k} 为以体积含沙量计算的水流挟沙力；μ_r 为相对黏度；其余符号意义同前。

（4）李义天方法[21-22]。该方法是在平衡输沙状态下考虑单位床面上的泥沙等量交换来确定非均匀沙挟沙力的，其特点是同时考虑了水流条件和床沙组成对挟沙力的影响。

具体操作中该方法认为泥沙的沉降和悬浮完全由水流的脉动所决定，并假设水流脉动流速呈正态分布，从而可以求得单位时间内沉降到床面上的泥沙量和床面上泥沙与悬沙的交换量，在输沙平衡状态下泥沙的下沉量等于上扬量，从而得到河底挟沙力级配与床沙粒配的关系，若关心断面或垂线平均挟沙力级配，还需引入平衡条件下的悬移质含沙量分布公式。李义天方法中采用 Kalinske 公式最终得到断面平均挟沙力级配与床沙级配的关系为

$$P_{*k} = P_{bk} \frac{\left(\dfrac{1 - A_k}{\omega_k} \right) \left(1 - \mathrm{e}^{-\frac{6\omega_k}{ku_*}} \right)}{\sum\limits_{k=1}^{n} P_{bk} \left(\dfrac{1 - A_k}{\omega_k} \right) \left(1 - \mathrm{e}^{-\frac{6\omega_k}{ku_*}} \right)} \tag{5.36}$$

其中

$$A_k = \frac{\omega_k}{\dfrac{\sigma_v}{\sqrt{2\pi}} \mathrm{e}^{-\frac{{\omega_k}^2}{{\sigma_v}^2}} + \omega_k \Phi \left(\dfrac{\omega_k}{\sigma_v} \right)}$$

$$\Phi\left(\frac{\omega_k}{\sigma_v}\right)=\int_{-\infty}^{\omega_k}\frac{1}{\sqrt{2\pi}\sigma_v}\mathrm{e}^{-\frac{v'^2}{2\sigma_v{}^2}}\mathrm{d}v'$$

式中：v'为脉动流速；其余符号意义同前。

目前对于分组水流挟沙力问题的研究还不够充分，但已有的成果已能初步用来解决实际问题[23]。以上几种求解分组水流挟沙力的公式在推求过程中或多或少都存在一定的假设条件，因此难以从理论上作出比较，从实际应用的角度来看，HEC-6 方法经过一定时期的检验可用于实际计算中，且公式物理概念较为清楚，结构较为简单，因此本书模型采用 HEC-6 方法计算挟沙力级配。

5.2　横向展宽模型

近年来，随着对溃堤问题研究的不断深入，对溃口水流过程、溃口形状发展过程模拟精度的要求也在不断提高。从溃口的发展过程上来讲，它不仅是水流对堤坝纵向冲刷的过程，与此同时，对溃口的两侧坝体进行横向的侵蚀展宽。在溃堤初期，由于溃口较小不足以使水位迅速下降，此时水库仍保持较高水位，溃口两侧不断地发生侵蚀展宽，当溃口不断地扩大使水库的水位低于口门高度时，溃口则不再发展。基于以上的原因，对溃口展宽过程的模拟计算也是溃堤模型中必不可少的一部分。

溃口的展宽过程是挟沙水流与溃口之间相互作用、不断调整的过程。它与上游的来水来沙、溃口形状及堤坝边界条件是密不可分的。实际上，溃口的展宽过程就是冲积河流河宽变化的过程。本章首先将预测模拟河宽变化的各种方法进行归纳总结，然后选择适合的方法将其应用于溃口展宽过程的模拟中。

最初的河道展宽模型是基于对实测资料的分析，以估计河宽变化并预测调整后的河宽，称之为经验模拟方法。虽然方法简单，却存在很大的局限性，它们只能在资料来源的范围内适用，且不能考虑到河岸冲刷、崩塌时内在的力学机理，一般仅适用于非黏性土河岸冲刷过程的计算。后来，出现了极值假说模拟方法，这种方法是在泥沙数学模型的基本方程组中，引入一个附加方程式，以预测河道的几何形态。极值假说方法在模拟河岸变形过程中同样具有很大的局限性，它们仅适用于预测河道由不平衡向平衡状态变化时的河宽调整，无法预测河道处于不平衡状态下河宽的调整过程；且只能估计河宽变化的总量，无法确切地估计左右岸的变化情况，也没有考虑河宽调整的纵向范围；一般仅适用于模拟非黏性土河岸的河宽变化。

鉴于采用经验方法和极值假说方法模拟河岸冲刷过程存在很多缺陷与不足，需要探索其他的模拟方法。由于河岸横向冲刷与崩塌过程是一个力学问题，因此，近年来一种建立在力学机理分析基础上的水-土动力学方法正逐渐发展起来。这种方法主要采用水动力学模型计算床面冲淤变形，然后用土力学模型分析河岸的稳定性，适用于不同类型的土质河岸。

5.2.1　水-土动力学模拟方法

由于河宽变化跟边界条件的关系是密不可分的，人们不得不开始考虑按照不同的河岸组成分别对河宽的变化进行讨论，得到针对不同河岸组成的河宽变化模型。根据各种河岸组成的受力条件不同，河岸展宽可分为两种主要形式，冲刷展宽和崩塌展宽。水-土动力学方法能够针对不同河岸在水流条件下的受力作用以及变化过程分别建模，采用水动力学模型计算床面冲淤变形，然后用土力学模型分析河岸的稳定性，适用于不同类型的土质河岸。以下主要针对非黏性土河岸、黏性土河岸及混合土二元结构三种河岸组成的力学模拟方法进行总结，并选择适合于溃堤过程的方法，并将其应用与模型中。

5.2.1.1　非黏性土河岸冲刷过程的力学模拟方法

非黏性土河岸由松散泥沙堆积而成，由于泥沙粒径较大，由颗粒间的电化学作用而产生的黏结力很微弱，因此河岸的抗冲性主要来源于泥沙颗粒的有效重力及相互之间的摩擦力。当近岸水流的冲刷力大于河岸的抗冲力时，河岸就会发生冲刷，而与此同时，从外界输移到岸边的泥沙可能由于水流挟沙能力的减小而产生淤积，当前者的速率大于后者时，河岸将会发生冲刷展宽；否则河岸就会发生淤涨。这种方法是通过模拟河岸冲淤速率来模拟河宽的变化，是目前常用的模拟非黏性土河岸河宽变化过程的力学方法。当水下河宽继续增大时，必然导致岸坡变陡，对于非黏性土来说存在一个动水休止角，这就意味着，当岸坡角度大于动水休止角时，河岸就会发生崩塌展宽，反之，若岸坡角度小于等于动水休止角时，河岸就保持稳定，所以其边坡稳定的临界条件就是泥沙的动水休止角，目前模拟非黏性土河岸崩塌展宽的模型就是基于这个机理而发展起来的。已有的研究主要集中于以下几种思路。

（1）基于河岸冲淤速率的力学方法。基于河岸冲淤速率的力学方法是 Duan、Wang[24]针对非黏性土河岸的河宽变化过程提出的。在不考虑河岸崩塌的情况下，非黏性土河岸河宽的调整方向及其变化过程可以通过计算河岸冲淤速率来确定。他们认为，从河岸崩塌下来的泥沙或者从上游输移到岸边的泥沙淤积下来可能导致河宽缩窄，而与此同时，近岸水流的冲刷力大于土体的抗冲力时，水流又会不断地冲刷使河岸有展宽的趋势，若河岸冲刷后退的速率大于其淤长的速率，则会使岸线后退，进而导致河宽增加；反之河宽减少。因此，河岸的冲淤变化与近岸处的水流条件及输沙状况有着密切的关系。

如图 5.1 所示，在近岸的某一控制体内，近岸的输沙方程可写作：

$$(q_l + \frac{\partial q_l}{\partial l} d_l)\frac{d_r}{2} - q_l \frac{d_r}{2} + q_r d_l - q_{br} d_l = -\omega h_b d_l \qquad (5.37)$$

式中：q_l、q_r 分别为纵向与横向的输沙率；q_{br} 为近岸处纵向输沙率；ω为河岸冲刷速率（ω为正表示河宽减小，ω为负表示河宽增大，否则河宽不变）；d_l、d_r分别为近岸控制体的长度与宽度；h_b 为近岸水深。

化简式（5.37），得到河宽变化速率的表达式：

$$\omega = -\frac{(\frac{\partial q_l}{\partial l}\frac{d_r}{2} + q_r - q_{br})}{h_b} \qquad (5.38)$$

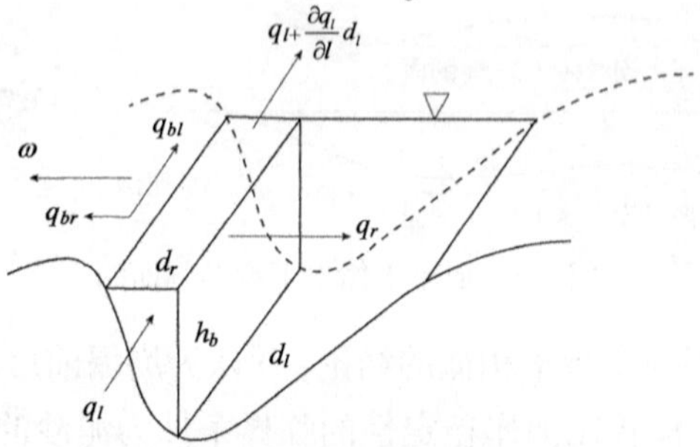

图 5.1 近岸处输沙平衡示意图

进而得到 Δt_{bank} 时段内河宽的变化量：

$$\Delta B = \omega \Delta t_{\text{bank}} \qquad (5.39)$$

从式（5.38）看，河宽的调整主要由近岸处的水流、泥沙条件共同确定，而不是简单地仅由水流或仅由泥沙条件确定[25]。但由于在天然河道中，其纵向及横向输沙率的确定十分困难，且没有河岸崩塌对于河宽变化的影响考虑进去，因此这种方法在实际应用中受到了很大的限制。

（2）基于水下休止角的力学方法。Ikeda 等[26]、Pizzuto[27]认为，非黏性土河岸展宽的过程是一个冲刷与崩塌交替发展的过程。在河道不断输水输沙的过程中，当近岸水流的冲刷力大于河岸的抗冲力时，河岸就会发生冲刷，在水流带走的岸边泥沙的同时，也使河岸坡度变陡，当岸坡角度超过某一临界值时，由于河岸的稳定性降低而发生河岸崩塌，塌落下来的土体不断堆积到岸边，直至岸坡角度恢复到小于该临界值时，崩塌停止，河岸也再次恢复到稳定的状态，并准备着参与到下次造床过程中去。其中，河岸的冲刷过程可以用输沙方程计算得到，而崩塌过程则需要从野外的观察资料中获得。

金腊华等[28]在对长江马湖堤崩岸形态进行分析时发现，在崩塌过程中，河岸近似于平行后退，且崩塌下来的大部分土体都淤积到岸边，从而增加了河岸的稳定性，防止二次崩塌，如图 5.2 所示。

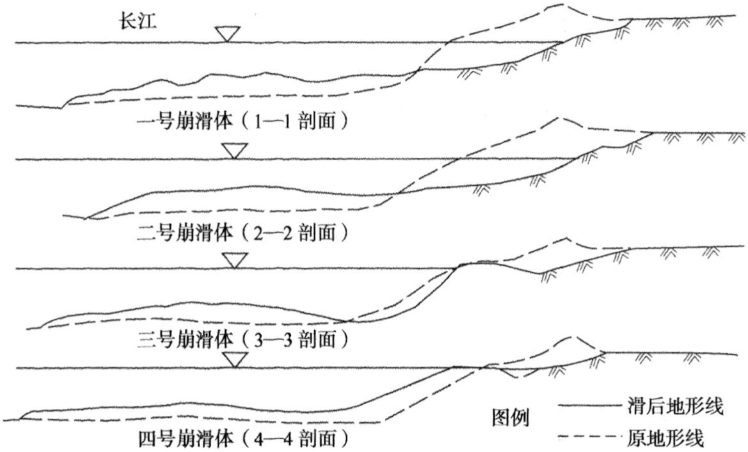

图 5.2　崩岸土体水下地形剖面图

Nagata[29]得到了与金腊华相似的结论，并认为崩塌前后的岸坡角度都等于泥沙的动水休止角[30]，即控制河岸稳定性的临界条件为泥沙的动水休止角。当河岸坡度大于泥沙的动水休止角时，河岸发生崩塌展宽；否则，当河岸坡度小于等于泥沙的动水休止角时，岸坡保持稳定。概化过程如图 5.3 所示，（1）和（3）为水流冲刷前和河岸崩塌后的岸坡，都等于 θ_c 。同时假定，从水面以上岸坡崩塌下来的土体先全部堆积到岸边，形成稳定的河岸后，随后再参与到河道的泥沙输移过程中去，通过以上两个条件进而确定出崩塌后的岸坡形态（3）。而冲刷后的河岸形态则由泥沙输移方程计算得到。而岸顶后退的距离 $\Delta \boldsymbol{B}_c$ ，则认为是河岸崩塌强度的象征，取决于河岸组成物质的粒径、形状及材料，由河岸稳定性决定，通常情况下假定 $\Delta \boldsymbol{B}_c$ 与水面以上的河岸高度 h_f 成正比。

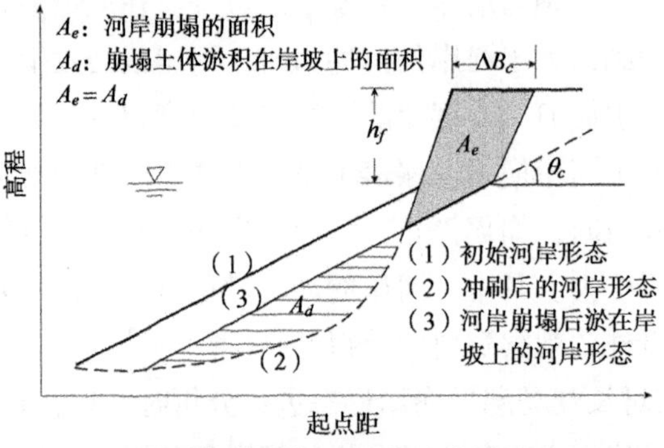

图 5.3　非黏性土河岸的冲刷过程

对上述河岸展宽过程进行概化后，Nagata 利用数值方法成功地模拟了顺直河道向弯曲河道的演变过程，且模拟结果与室内试验结果符合较好[29]。

5.2.1.2 黏性土河岸冲刷过程的力学模拟方法

相对于非黏性土河岸，黏性土河岸的受力作用显得更加复杂。组成黏性土河岸的泥沙颗粒微小，比表面积大[31]，因此泥沙颗粒的表面能较大，而重力作用相对较小。颗粒间由于离子—静电力作用而形成结合水膜[32]，它使颗粒之间紧密地联系在一起，这种颗粒间的黏结力成为黏性土河岸抵抗水流冲刷的主要作用力。

黏性土河岸展宽主要由两种形式，它们可以独立进行，也可以相继发生，即黏性河岸的冲刷展宽以及黏性河岸土块的崩塌展宽。河岸冲刷与否是由近岸水流的冲刷力与黏性土块黏结力之间的大小关系判断，若近岸水流的冲刷力大于黏性土块黏结力，则河岸发生冲刷展宽；否则，河岸保持稳定。黏性土块的崩塌过程则是由黏性土块黏结力及其重力作用之间的对比关系得到，若黏结力大于重力作用，则河岸保持稳定；否则，河岸发生崩塌。

目前，最具代表性的模拟黏性土河岸冲刷过程的力学方法是由 Osman 和 Thorne[33-34]提出的。该方法能模拟冲刷和崩塌两种展宽形式，因此，整个模拟过程可分为两个步骤：首先计算河岸由于水流冲刷作用而展宽的距离，然后分析河岸边坡的稳定性，判断河岸是否发生崩塌。

（1）河岸冲刷展宽距离的计算。在 Δt 时段内，黏性土河岸被水流直接横向冲刷后退的距离为

$$\Delta B = \frac{C_l \Delta t(\tau - \tau_c)\mathrm{e}^{-1.3\tau_c}}{\gamma_{bk}} \tag{5.40}$$

式中：γ_{bk} 为河岸土体的容重，kN/m^3；ΔB 为 Δt 时间内河岸因水流横向冲刷而展宽的距离，m；τ 为作用在河岸上的水流切应力，N/m^2；τ_c 为河岸土体的起动切应力，N/m^2；C_l 为横向冲刷系数，与河岸土体的物理化学特性有关，Osman[32]根据室内试验结果得到 $C_l = 3.64 \times 10^{-4}$。

（2）河岸稳定性分析。河岸崩塌发生在黏性河岸的黏结力不足以抵抗其下滑重力时，但由于黏性土中黏结力的计算方法尚不成熟，常用的替代方法是借鉴土力学中的边坡稳定性关系对河岸稳定性进行分析判定。

利用土力学中的边坡稳定性关系，能够得到河岸发生初次崩塌时的临界条件，并判断河岸是否发生初次崩塌。同时假定，以后的河岸崩塌方式为平行后退，即崩塌后的边坡角度恒为 β。因此，若河岸已发生初次崩塌，则仍可用边坡稳定关系来判断河岸是否会发生二次崩塌。下面将给出判断河岸崩塌与否的具体分析过程。

1）河岸初次崩塌。图 5.4 为河岸发生初次崩塌时的形态，通过式（5.40）得

到河岸的横向展宽距离 ΔB，再由泥沙输移及河床变形方程可计算得到河床冲刷深度 ΔZ，并且已知初始河岸高度 H_0，初始河岸坡度 i_0，从而能够确定床面冲刷后的河岸高度 H_1 以及转折点 B 以上的河岸高度 H_2，H_1 和 H_2 的表达式如下：

$$H_1 = H_0 + \Delta Z \tag{5.41}$$

$$H_2 = H_0 - \Delta B / i_0 \tag{5.42}$$

进而得到相对河岸高度的实测值 $(H_1/H_2)_m$，即

$$(H_1/H_2)_m = \frac{H_0 + \Delta Z}{H_0 - \Delta B / i_0} \tag{5.43}$$

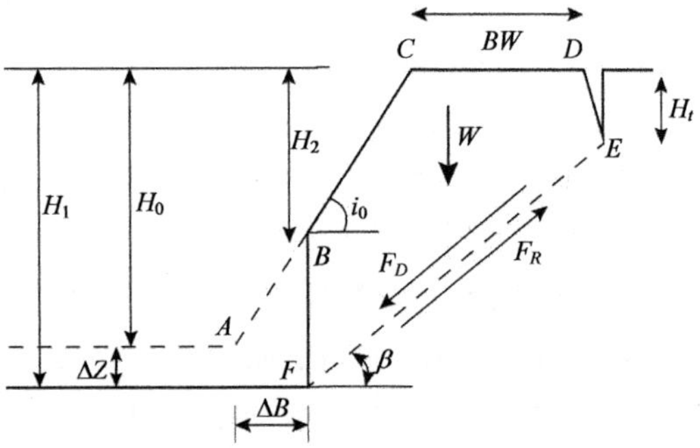

图 5.4　黏性土河岸初次崩塌示意图

当河岸发生初次崩塌时，破坏面 EF（图 5.4）与水平面的夹角为 β 可由下式计算：

$$\beta = 0.5 \times \left\{ \tan^{-1}\left[\left(\frac{H_1}{H_2} \right)_m (1.0 - k^2)\tan(i_0) \right] + \phi \right\} \tag{5.44}$$

式中：k 为河岸上部拉伸裂缝的深度 H_t 与河岸高度 H_1 之比，实际计算中可根据黏性土河岸的临界直立高度来确定，一般取 0.5；ϕ 为河岸土体的内摩擦角。

由式（5.44）求出 β 后，可计算出将要发生崩塌时相对河岸高度的分析解 $(H_1/H_2)_c$，即

$$(H_1/H_2)_c = 0.5 \times \left[\frac{\lambda_2}{\lambda_1} + \sqrt{\left(\frac{\lambda_2}{\lambda_1} \right)^2 - 4\left(\frac{\lambda_3}{\lambda_1} \right)} \right] \tag{5.45}$$

其中，

$$\lambda_1 = (1 - k^2)[\sin\beta(\sin i - \cos^2\beta \tan\varphi)]$$
$$\lambda_2 = 2(1 - k)C / (\gamma_{bk} H_2)$$
$$\lambda_3 = (\sin\beta\cos\beta\tan\varphi - \sin^2\beta) / \tan(i_0)$$

式中：C 为河岸土体的凝聚力。

根据土力学中的边坡稳定性理论，通过比较$(H_1/H_2)_m$和$(H_1/H_2)_c$的大小，判断河岸是否会发生崩塌：

a. 若$(H_1/H_2)_m<(H_1/H_2)_c$，则河岸边坡稳定，不发生崩塌，H_1不是河岸崩塌的临界高度。

b. 若$(H_1/H_2)_m\approx(H_1/H_2)_c$，则河岸边坡不稳定，$H_1$是河岸发生崩塌的临界高度。利用河岸几何形态关系，可计算出河岸崩塌土体的宽度 BW 及单位河长的崩塌体积 VB，可分别表示为

$$B_W=\frac{H_1-H_t}{\tan\beta}-\frac{H_2}{\tan i_0} \tag{5.46}$$

$$V_B=0.5\times\left(\frac{H_1^2-H_t^2}{\tan\beta}-\frac{H_2^2}{\tan i_0}\right) \tag{5.47}$$

c. 若$(H_1/H_2)_m>(H_1/H_2)_c$，则河岸边坡已发生崩塌，在这种情况下计算得到的床面冲刷深度ΔZ，河岸横向冲刷宽度ΔB值偏大，此时可通过减小计算时间步长来调整。

2）河岸二次崩塌。若河岸已发生初次崩塌，则假定以后的河岸崩塌方式为平行后退，即边坡崩塌时的破坏角度恒为β，见图 5.5。可用上述类似的方法，确定相对河岸高度的实测值$(H_1/H_2)_m$。在之后的河岸稳定性分析中，可用下式计算其分析解$(H_1/H_2)_c$，即

$$(H_1/H_2)_c=0.5\times\left[\frac{\omega_2}{\omega_1}+\sqrt{\left(\frac{\omega_2}{\omega_1}\right)^2+4}\right] \tag{5.48}$$

其中，

$$\omega_1=\sin\beta\cos\beta-\cos^2\beta\tan\varphi$$
$$\omega_2=2(1-k)C/(\gamma_{bk}H_2)$$

在已知$(H_1/H_2)_m$、$(H_1/H_2)_c$的情况下，河岸边坡稳定性分析可采用类似的方法进行判断。同时，根据河岸形态的几何关系，二次崩塌时岸顶后退的距离 BW 可用下式计算：

$$BW=\frac{H_1-H_2}{\tan\beta} \tag{5.49}$$

相应的单位河长的崩塌体积VB 为

$$VB=0.5\times\frac{H_1^2-H_2^2}{\tan\beta} \tag{5.50}$$

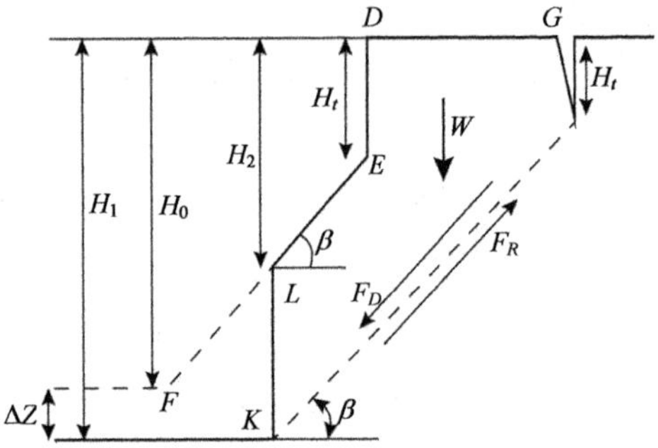

图 5.5　黏性土河岸二次崩塌示意图

Osman 等用该方法对密西西比河 Greek 河段的河岸冲刷过程，进行了数值模拟。计算结果与实测结果的对比表明（图 5.6），不管河岸是初次崩塌，还是二次崩塌，两者都比较符合[35]。但模型中仍存在以下不足：①该方法仅考虑水流的冲刷作用引起的岸坡变陡以及床面冲刷引起的岸高增加对河岸稳定性的影响，而没有考虑到其他因素，如侧向水压力、孔隙水压力等；②在天然河道中，河岸崩塌形式有很多种，而该方法将河岸发生崩塌时的破坏面局限为斜平面且通过坡脚。

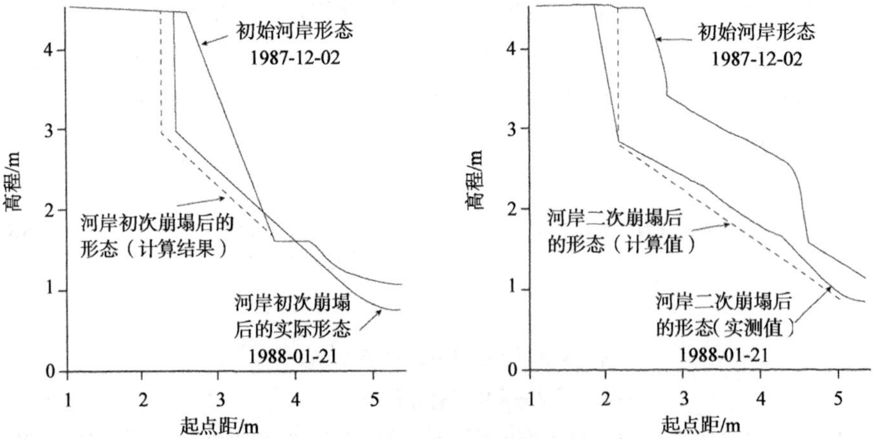

图 5.6　Osman 和 Thorne 方法的计算结果与实测值对比

Darby 等[36]提出的方法以弥补这些缺陷，他们以 Osman 提出的河岸冲刷模型为基础，在河岸稳定性分析中同时考虑孔隙水压力和静水压力对河岸稳定性的影响，而且放宽了滑动面必须通过坡脚的限制条件。尽管该方法预测河岸崩塌的精度有所提高，但计算复杂，用于实际工程问题还有一定的差距。另外该模型还同时考虑了河岸可能发生平面滑动和圆弧滑动两种破坏情况。尽管同时考虑两种破坏情况更能符合实际情况，但对天然河道的模拟结果表明，计算值与实测值仍存在一定的误差。而且这种方法仅适用于土体结构不存在垂向分层的黏性土河岸。

5.2.1.3 混合土河岸冲刷过程的力学模拟方法

混合土河岸一般分为上下两层，上层以黏性土为主要组成物质，下层由砂、粉砂、黏土等非黏性图组成，由于天然河道中的河岸土体多为层状结构，因此，将河岸土体概化为混合土二元结构是最符合实际的。由于混合土河岸同时含有黏性、非黏性两种土体，因此对于这种结构河岸展宽形式就变得更加复杂。

Fukuoka[37]在对天然河道进行大量的野外观测后，发现河岸的冲刷过程可大致分为冲刷和崩塌两个阶段，但发生崩塌的临界条件与黏性土、非黏性土都截然不同，因此，提出了模拟混合土二元结构河岸展宽的具体方法。他将混合土二元结构河岸的冲蚀过程（见图 5.7）描述如下：下部的非黏性土层受到近岸水流的冲刷作用而被带到下游，当上部悬挂着的黏性土层的黏结力不足以支撑其重力的时候，上部黏性土层发生崩塌，崩塌下来的土块落入岸边，并被随后的水流冲散带走，周而复始，直至达到冲淤平衡。

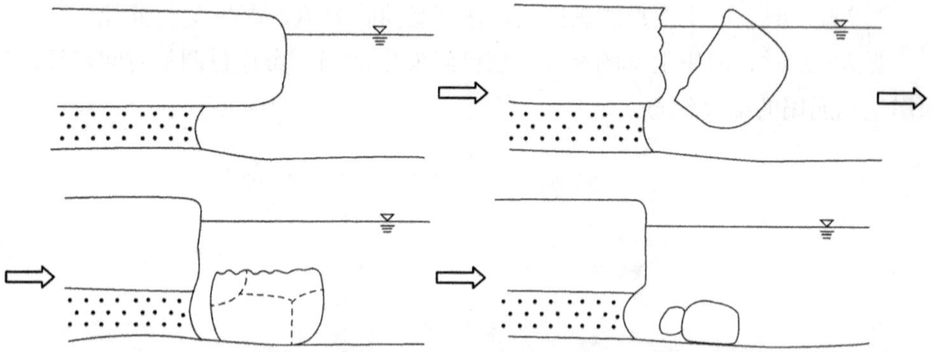
图 5.7 混合土二元结构河岸的冲蚀过程

在整个冲刷-崩塌过程中，其中的冲刷过程可以用输沙方程计算得到。而混合土二元结构河岸力学模拟方法的关键部分在于，上部的黏性土层发生崩塌的临界条件，即存在一个黏性土层的挂空长度临界值 L_c，当非黏性土层的冲刷距离 L 小于临界值 L_c 时，黏性河岸保持稳定，不发生崩塌；当 L 等于临界值 L_c 时，河岸即将发生崩塌；当 L 大于临界值 L_c 时，上层黏性土河岸已经发生崩塌。

在一定时段 Δt 内，河岸下部非黏性土层的冲刷后退距离可以用输沙方程计算得到，即

$$L = f(\tau, \tau_c, \Delta t, \text{L}) \tag{5.51}$$

从式（5.51）看，非黏性土层的冲刷距离与近岸水流强度、非黏性土的抗冲性、河道类型（弯道环流）、河岸的组成物质、土体特性以及周围环境等因素有关。

在计算黏性土层的临界挂空长度 L_c 时，假设河岸崩塌时在断裂面上弯曲应力分布，如图 5.8 所示。当断裂面上缘的应力达到抗拉强度时，混合土二元结构河岸中挂空部分自重 W 产生的外力矩与断裂面上产生的抗拉力矩相平衡，以此建立如下平衡方程：

$$W \cdot L/2 = H^2 \cdot T_0 \cdot B/6 \tag{5.52}$$

挂空部分自重：$W = \gamma_2 BHL_c$，其中，H、B、γ^2、T_0 分别为黏性土层的高度、宽度、容重及抗拉强度。化简式（5.52）从而得到混合土二元结构河岸临界挂空长度的表达式：

$$L_c = (T_0 \cdot H/3\gamma_2)^{1/2} \tag{5.53}$$

根据式（5.51）和式（5.53）分别计算出非黏性土层的冲刷距离 L 及黏性土层的临界挂空长度 L_c，比较二者大小，以判断黏性土层是否崩塌：

当 $L < L_c$ 时，河岸上部的黏性土层保持稳定，不发生崩塌，水流可以继续冲刷非黏性土层。

当 $L = L_c$ 时，河岸上部的黏性土层达到受拉临界值，即将发生崩塌。

当 $L > L_c$ 时，河岸上部的黏性土层已经发生崩塌，可通过调整时间步长来使河岸达到崩塌的临界状态。

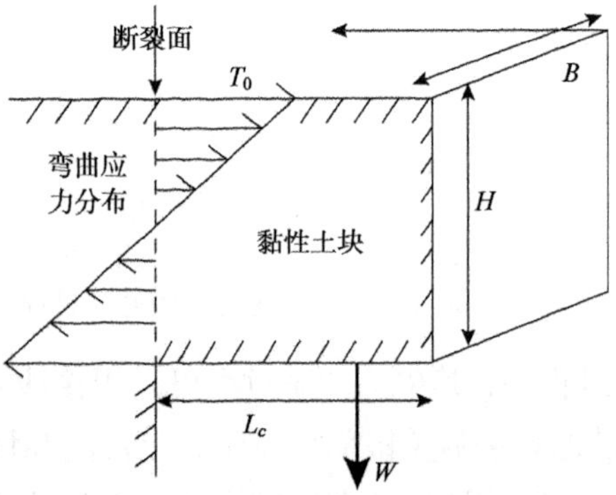

图 5.8　混合土二元结构河岸中黏性土层受拉崩塌

5.2.2　本书模型展宽模式

本书根据实验中所观察到的结果，综合参考以上几种展宽模式，采用类似于混合土二元结构展宽模式的模型，不同之处在于将这种模式应用于非黏性土堤防。弯道水槽中所进行的溃堤实验表明，即使在非黏性土堤身的情况下，溃口的展宽过程仍然会呈现出类似于混合土二元结构堤身的冲刷过程。堤身下部由于水流的冲刷而逐渐展宽，上部由于悬空而崩坍，试验中溃口的展宽过程描述详见 5.2 节中的试验结果分析。这种现象并非首次被观察到，欧洲 IMPACT 项目过程中，研究者在挪威进行了一次大尺度的溃堤试验，堤身采用非黏性土，也观察到与本次弯道水槽中类似的展宽过程[38]。由此可知，这种不属于以上几种展宽模式的展宽过程并非是偶然存在的。这种展宽模式的出现与溃口处水深和堤防高度的对比有一定的关系。弯道水槽中所进行的溃堤试验，其初始溃口的宽度较大，约为所模拟河道的宽度的 2/3，且由于采用非黏性沙筑堤，造成溃口的发展较为迅速，大量水流从溃口处流往堤内，造成河道及溃口处的水位迅速下降。由于水位较低，并不会在堤身内产生较大的孔隙水压力及侧向水压力。因此，水位以上堤身不会由于冲刷导致边坡变陡后在水压力的作用下产生滑动、崩塌，而会由于下部水流的冲刷导致一定程度的悬空后崩塌。

本书模型计算中将水流冲刷限于水面之下，即处于水面以下的堤身均会发生横向冲刷，而水面以上则是由于悬空所导致的崩塌而展宽，并不需要区分黏性土和非黏性土层的分界面。根据实验中所观察到的现象，模型中将崩塌后所产生的泥沙除过一部分被水流带走外，其余按照动水水下休止角堆积在河床上，如图 5.9 所示。

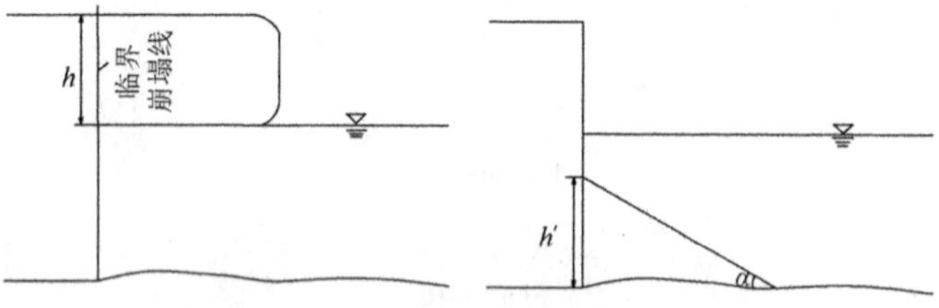

（a）崩塌前　　（b）崩塌后

图 5.9　溃口展宽模式

5.3　模型验证及应用

5.3.1　流速场

溃堤发生前河道中本身也有流动存在，不同于溃坝可以将溃决发生前的流动当作静水，溃堤计算首先需要给定比较准确的河道内流动作为初值条件，否则计算出的溃口水位和流量过程会出现较大的误差。因此需要首先计算出河道内溃决发生前的流动状态，作为溃堤的初始条件。溃口发生前河道内典型流场如图 5.10 所示。

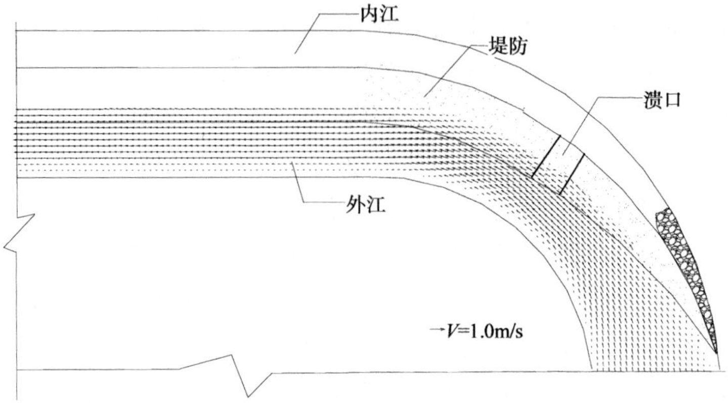

图 5.10　溃口附近初始流场

模拟得到各试验组次条件下 10s、20s、30s 溃口处典型流场见图 5.11。

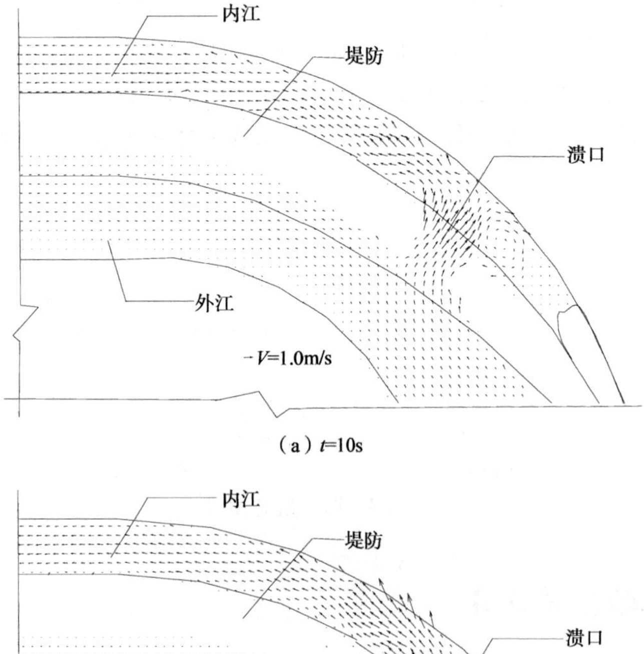

（a）t=10s

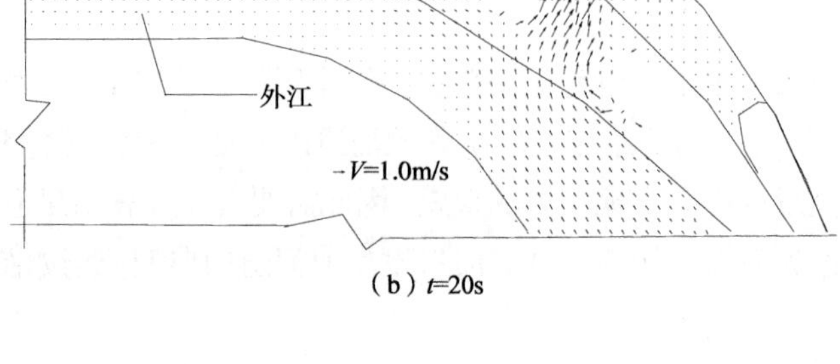

（b）t=20s

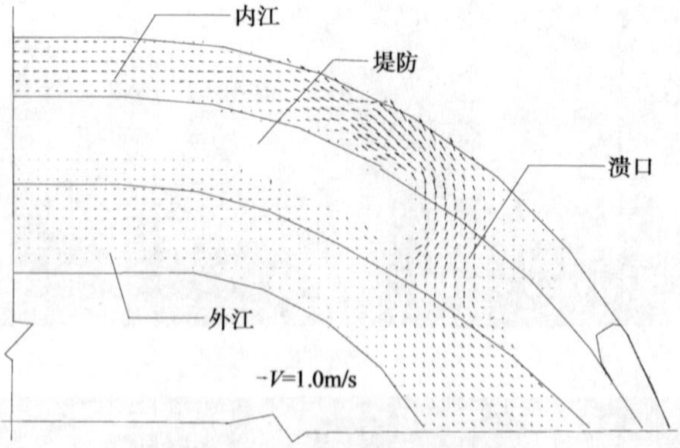

（c）t=30s

图 5.11 溃口附近流场变化过程

从图 5.11（a）可以看出，溃堤发生后 10s 时水流从溃口流出，撞击到水槽边壁后流向两侧，由于右侧被水槽边壁和堤防所阻挡，水流在此处形成回流；左侧水流在撞击到水槽边壁后，由于受到堤防和水槽边壁的束缚，经过一段距离的调整，水流逐渐归于平顺，符合试验中所观察到的流动现象。与此同时，河道内溃口上游流附近流速增加，下游附近流速减小，水流朝着溃口方向产生了一定角度的偏转，这种影响以一定的速度同时向上游和下游传播。比较图 5.11 中的（a）~（c）图溃口处的流场可看出，随着时间的推移，溃口的不断扩大，溃口处流速有所减小，主流逐渐偏向于溃口左侧，造成溃口左侧冲刷后退速度远大于右侧。

5.3.2 洪水演进速度

水流漫过堤顶后，随着剧烈的下切展宽过程，水流也从溃口急剧涌出，在波前沿形成较为陡峭的水流形态，波前沿到达之处水位、流量迅速上升。因此洪水波前沿的行进过程，即洪水的演进速度是溃堤研究中非常重要的问题之一。本书模型计算得到的典型洪水演进过程如图 5.12 所示。

从图 5.12（a）中可以看到，水流从溃口流出后，撞击到弯道边壁后分为两部分：一部分流向弯道出口，一部分流向弯顶。从中可以看到，从溃口流出的水流在撞击到水槽的边壁后，出现了壅水现象，水流顶冲点的水位高于周围水位，符合实际观察到的水流现象。由于弯顶部分被堤防及弯道边壁所阻挡，水位无法继续行进。而向弯道下游行进的水流则仍旧以较快的速度传播，从 6 号水位测点（堤内弯道与直道交接处）传播到 8 号水位测点（堤内出口断面处）所需时间约为 22s，与实测的洪水从 6 号传播到 8 号的时间范围（22~24s）基本一致，说明模型计算得到的洪水波相位符合实际。

（a）t=0

（b）t=10s

（c）t=20s

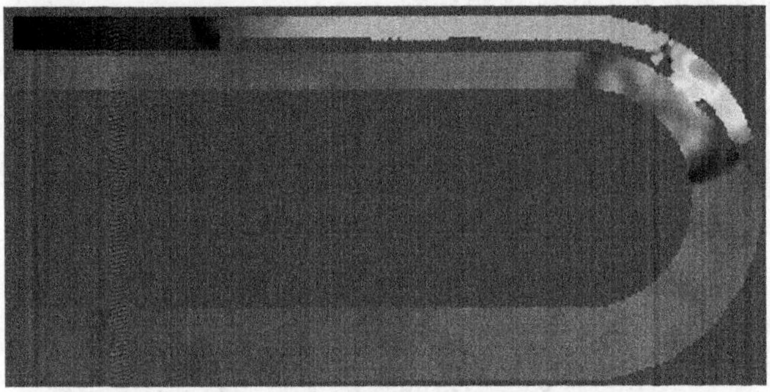

（d）t=30

图 5.12　典型洪水演进过程（见书后彩图）

5.3.3 展宽（速度及形态）

本书模型中采用式（4.38）计算溃口冲刷速度，公式的关键在于对水流切应力τ和泥沙的起动切应力τ_c的确定，根据梁志勇等[39]和周建军等[40]的研究成果，本书模型中取

$$\tau = \gamma \frac{U^2}{C^2}$$

其中

$$U = \sqrt{u^2 + v^2}$$

式中：U为合速度；γ为水的容重；C为谢才系数，可根据曼宁公式计算得到。

τ_c采用希尔兹粗颗粒泥沙的临界拖曳力公式，即

$$\tau_c = k(\gamma_s - \gamma)d$$

式中：k为系数，取值范围为0.04~0.06溃口上部由于下部的冲刷而崩塌；γ_s为泥沙容重；d为泥沙颗粒粒径。

采用上述方法模拟得到的溃口展宽结果如图5.13所示。所得到的结果与实测结果基本符合。由于本书模型中对溃口发生时的初值条件进行了一些简化，如初始时刻认为河道内流场恒定，但试验中水位是以极其缓慢的速度上升超过堤顶进而发生溃决的。本书模型中在开始时刻需在一定程度上降低堤顶高程，以供水流通过，从而才能产生漫溢溃堤过程。因此模型计算得到的展宽过程往往表现为溃口发展早期的展宽速度略大于实测值，但模拟得到的展宽趋势仍然与实测较为符合，说明本书所采用的溃口展宽模拟方法仍然是可行的。

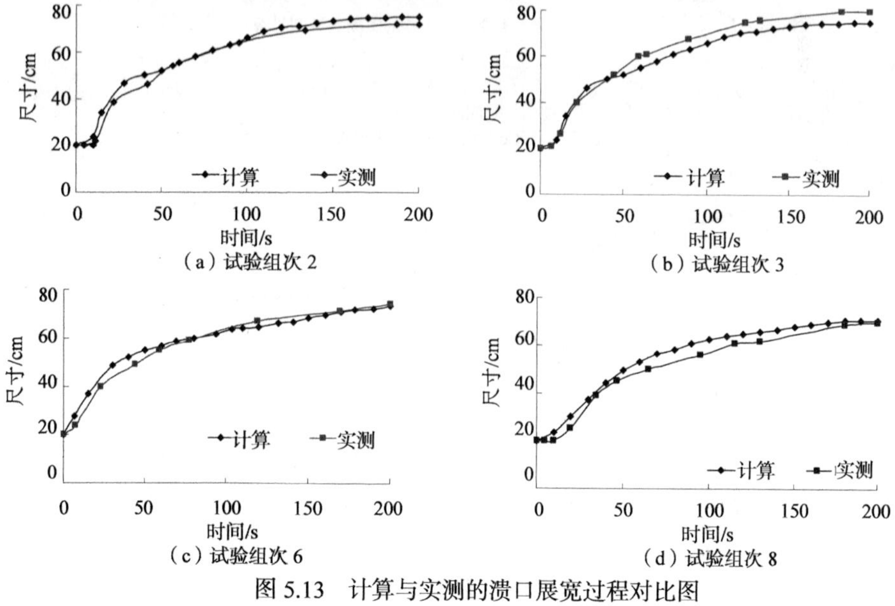

图 5.13 计算与实测的溃口展宽过程对比图

5.3.4　水位过程

溃堤发生后，溃口处以及堤内水位是需要重点关注的。模型计算得到的 4 号（溃口处）以及 6 号（堤内）测点的水位过程与实测水位过程的对比如图 5.14 所示。

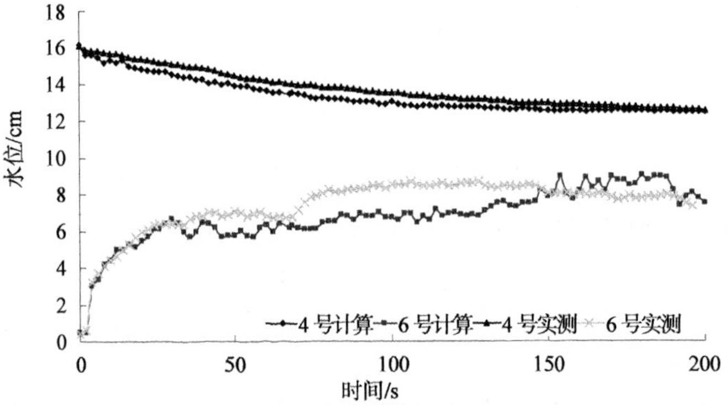

（a）组次 3

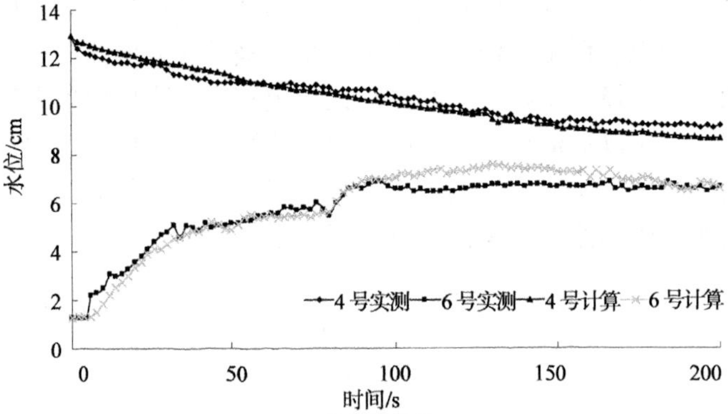

（b）组次 5

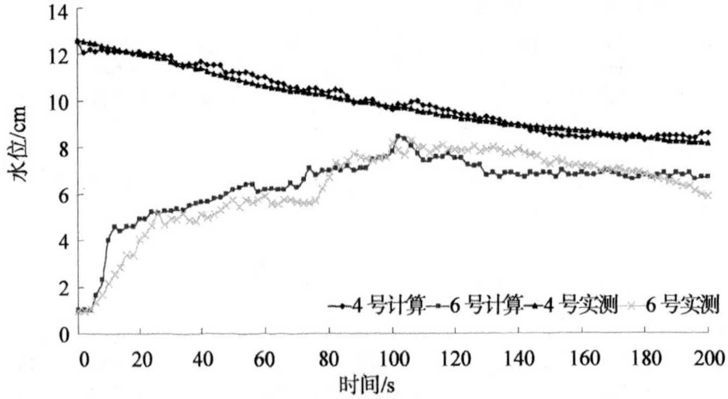

（c）组次 7

图 5.14　计算与实测溃口水位对比图

从图 5.14 中可以看到，计算得到的水位过程在趋势上与实测过程较为吻合，而在具体的数值方面则表现出了一定的差异性。4 号测点计算与实测值符合较好，而 6 号测点的计算值与实测值则有可能出现比较大的偏差，最大偏离约 1cm（组次 3 中）。这主要是由两方面的原因造成的：①溃口离弯道处水槽边壁较近，水流流态复杂，且本书模型中没有考虑弯道对水流运动的附加作用力；②溃口的发展过程的模拟结果与实际过程仍然存在一定的偏差，并不完全同步。两者共同作用下致使计算值与实测值出现一定了的偏差。但总体的计算水位值与实测值符合的程度仍然较高。

5.3.5 溃口流量过程

溃堤发生后，水流从溃口快速流出，由于河道水流一般情况下并非正对溃口，而是具有一定的交角，因而水流方向随时而变，较为复杂。因此目前仍然难以较为准确的取得溃口的流量过程。本书通过数学模型计算得到的典型溃口流量过程如图 5.15 及图 5.16 所示。

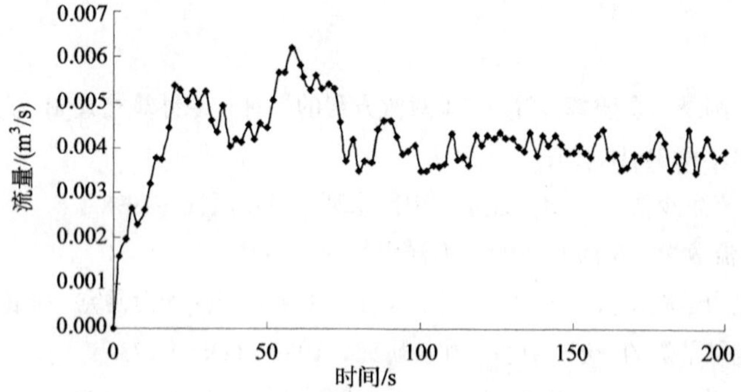

图 5.15 试验组次 5 溃口流量过程

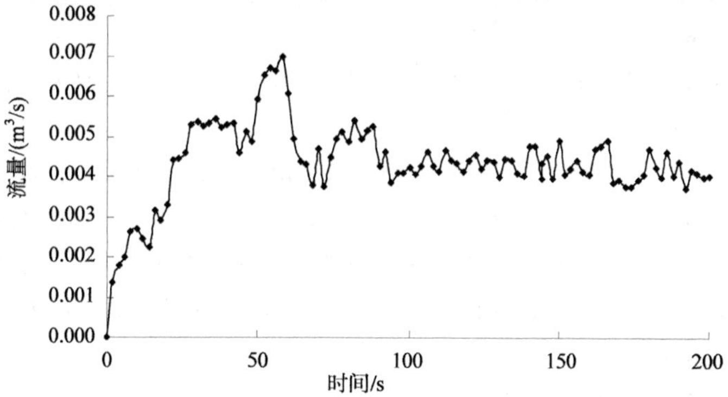

图 5.16 试验组次 7 溃口流量过程

从图 5.15 和图 5.16 中可以看到，由于本书模型中考虑了溃口的展宽过程，计算所得到的溃口流量过程与固定溃口宽的出流过程有较大的差别。对比两种溃口流量过程可以明显地看出，不考虑溃口变化时，溃口过程表现为开始急剧上升直到峰值，此后逐渐下降直到平稳，流量过程呈单峰。当模型中计算溃口变化时，流量过程也随着溃口的不断变化而出现波动，流量呈现多个峰值，且最大流量中间，并非在第一个洪峰处就达到最大值。试验组次 5 和 7 的内外将水位差均为 13.5cm，而试验组次 5 的来流量大于试验组次 7，对比图 5.15 与图 5.16 可以看出，试验组次 7 溃口流量反而略大于试验组次 5。这主要是因为同一水位下大流量时河道内流速也较大，因此组次 5 流速大于组次 7。流速越大，水流惯性越大，而流速方向垂直于溃口，而致使水流改变方向的源动力相同，即溃口处堤内外水位差相同。因此河道内垂直于溃口方向的流速越大，从溃口的分流比越小。这也说明溃堤计算中初始条件的重要性，即初始时刻河道内的流动是不可忽略的。

参考文献

[1] 王党伟，杨国录，余明辉，等. 二维对流方程的一种半隐计算格式[J]. 武汉大学学报（工学版），2007, 40(3): 18 - 21.

[2] 张瑞瑾. 河流泥沙动力学[M]. 北京：中国水利水电出版社，1998.

[3] 杨国录. 河流数学模型[M]. 北京：海洋出版社，1993.

[4] 武汉水利电力学院水流挟沙力研究组. 长江中下游水流挟沙力研究—兼论以悬移质为主的挟沙水流能量平衡的一般规律[J]. 泥沙研究，1959, 4(2): 54 - 73.

[5] 白永峰，王明甫. 高含沙水流挟沙力公式的探讨[J]. 水力发电，1993(8): 17 - 19.

[6] 张红艺，周赤建，张欧阳，等. 高含沙水流挟沙力计算公式研究[J]. 水力发电学报，2004, 23(1): 74 - 78.

[7] 项印玉，孙昭华，朱建荣. 长江河口段水流挟沙力初步研究[J]. 武汉大学学报（工学版），2007, 40(6): 47 - 50.

[8] 邢云，宋志尧，孔俊等. 长江口水流挟沙力公式初步研究[J]. 水文，2008, 28(1): 64 - 66.

[9] 赵璀. 大盈江、瑞丽江中下游河道水流挟沙能力初探[J]. 云南水力发电，2008, 24(2): 10 - 12.

[10] 费祥俊，舒安平. 多沙河流水流输沙能力的研究[J]. 水利学报，1998(11): 38 - 43.

[11] 钱宁，张仁，李无发，等. 黄河下游挟沙能力自动调整机理的初步探讨[J]. 地理学报，1981, 36(2): 143 - 156.

[12] 窦国仁，董风舞，窦希萍. 潮流和波浪的挟沙能力[J]. 科学通报，1995, 40(5): 443 - 446.

[13] 刘继祥. 多沙河流挟沙力研究[J]. 泥沙研究, 1993(2): 67 - 75.
[14] 李义天，赵明灯，曹志芳. 河流平面二维水沙数学模型[M]. 北京：中国水利水电出版社，2001.
[15] 潘庆燊，杨国录，府仁寿. 三峡工程泥沙问题研究[M]. 北京：水利电力出版社，1991.
[16] 李义天，谢鉴衡. 冲积平原河流平面流动的数值模拟[J]. 水力学报，1986(11): 9 - 15.
[17] 杨志达. 泥沙输送理论与实践[M]. 北京：中国水利水电出版社，2000.
[18] FREAD D L. A Breach Erosion Model for Earthen Dams[R]1 Silver Spring : National Weather Service (NWS) Report , NOAA , 1984.
[19] 王立辉. 溃坝水流数值模拟与溃坝风险分析研究[D]. 南京：南京水利科学研究院，2006.
[20] Feldman A.D. Hec Models for Water Resources System Simulation: Theory and Experience. The Hydraulic Engineering Center, Davis, California, 1981.
[21] 谢鉴衡. 河流模拟[M]. 北京：水利电力出版社，1990.
[22] 李义天. 冲积河道平面变形计算初步研究[J]. 泥沙研究，1988, 1: 34 - 44.
[23] 中国水利学会泥沙专业委员会. 泥沙手册[M]. 北京：中国环境科学出版社，1992.
[24] Duan J G and Wang S Y. The applications of the enchanced CCHE2D model to study the alluvial channel migration processes. Journal of Hydraulic Research,2001, 39(5): 469 - 780.
[25] Ikeda S, Parker G and Sawai K. Bend theory of river meanders, Part I: linear development. Journal of Fluid Mechanics, 1981, 112: 363 - 377.
[26] Ikeda S, Parker G and Kimura Y. Stable width and depth of straight gravel rivers with heterogeneous bed materials. Water Resource Research, 1988, 24(9):713 - 722.
[27] Pizzuto J.E..Numerical simulation of gravel river widening. Water Resource Research. 1990,26(9): 1971 - 1980.
[28] 金腊华，等. 长江马湖堤崩岸形态及影响因素的初步分析. 泥沙研究，1998(2): 67 - 71.
[29] Nagata N,Hosoda T and Muramoto Y. Numerical analysis of river channel processes with bank erosion. ASCE, Journal of Hydraulic Engineering, 2000, 126(4): 243 - 252.
[30] Darby S E and Thorne C R. Numerical simulation of Widening and bed deformation of straight sand-bed rivers I: model development. ASCE, Journal of Hydraulic Engineering, 1996, 122(4): 184 - 193.
[31] 洪大林. 粘性原状土冲刷特性研究[D]. 南京：河海大学，2005: 55 - 66.
[32] 张兰丁. 粘性泥沙起动流速的探讨[J]. 水动力学研究与进展，2000, 15(1): 82 - 87.
[33] Osman A M and Thorne CR. Riverbank stability analysis I: Theory. ASCE, Journal of Hydraulic Engineering, 1988, 114(2): 134 - 150.
[34] Thorne C R and Osman A M. Riverbank stability analysis II: Application. ASCE, Journal of Hydraulic Engineering, 1988, 114(2): 151 - 172.

[35] Darby S E and Thorne C R. Development and testing of riverbank-stability analysis. ASCE, Journal of Hydraulic Engineering, 1995, 122(8): 443 - 454.

[36] Darby S E and Simon A. Incised river channels: processes, forms, engineering and management, John Wiley and Sons, 1999, 111 - 119.

[37] Fukuoka Shoji.自然堤岸冲蚀过程的机理（赵渭军译）. 水利水电快报，1996(2): 29 - 33.

[38] Morris, M.W. and Hassan, M.A.A.M. IMPACT: Breach formation technical report(WP2). IMPACT, 2005.

[39] 梁志勇，尹学良. 冲积河流河床横向变形的初步数学模拟[J]. 泥沙研究，1991(4):76-81.

[40] 周建军，等. 平面二维泥沙数学模型的研究及应用[J]. 水利学报，1993(11):10-19.

（a）$t=0$

（b）$t=10\text{s}$

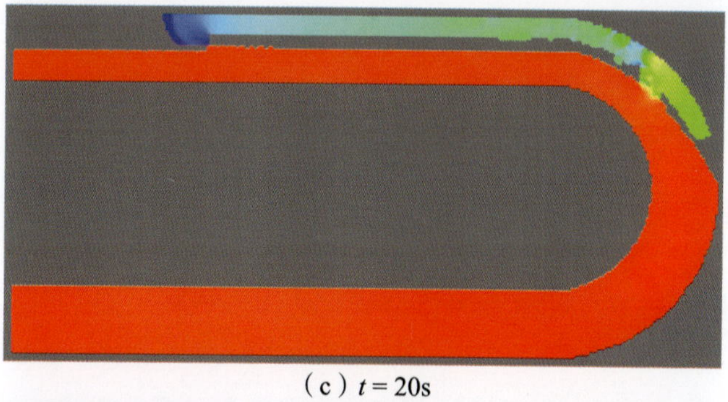

（c）$t=20\text{s}$

（d）$t=30$

图 5.12　典型洪水演进过程